Strade blu

Paolo Crepet

IL CORAGGIO

Vivere, amare, educare

MONDADORI

Dello stesso autore
in edizione Mondadori

Baciami senza rete

Amore non è amare
con Massimo Picozzi

librimondadori.it
anobii.com

Il coraggio
di Paolo Crepet
Collezione Strade blu

ISBN 978-88-04-68186-1

I edizione settembre 2017

Anno 2017 - Ristampa 2 3 4 5 6 7

Indice

Il coraggio

A Maddalena

Amai trite parole che non uno osava...

UMBERTO SABA, *Il Canzoniere*

Introduzione

Ci sono parole il cui significato viene distrutto soltanto a pronunciarle, come ha scritto Wisława Szymborska a proposito del silenzio. Ve ne sono altre, come coraggio, amore, amicizia, che dovrebbero essere utilizzate con cura, in quanto parole sacre.

In tanti oggi evocano il coraggio perché hanno la sensazione che sia latitante: parafrasando un vecchio adagio, penso che il coraggio sia come la marmellata, meno ce n'è e più la si spalma. Si tende cioè a ripetere questa parola come un mantra, mentre se ne cercano esempi tra uomini e donne che vagano senza bussola, tra giovani occupati dal presente e vecchi incartapecoriti nel ricordo.

Il coraggio esiste dentro di noi, non in ciò che si pronuncia, anche se molti traggono conforto da ciò che urlano. Certe parole tendono a perdere di significato quanto più vengono ripetute. Eppure l'abuso verbale rafforza in tanti la convinzione che esista soltanto ciò che si nomina più insistentemente, a prescindere da ciò che facciamo.

Nella nostra cultura laica si riscontra una tendenza ricorrente e sinistra – un filo rosso che unisce il Medioevo alla contemporaneità – a celebrare un rituale collettivo: la commemorazione. Come se avesse valore innanzitutto ciò che non è o che non è più. Una sorta di autoconvincimento di massa alimentato dal timore che il sentimento che s'intende onorare sia in via di estinzione. Avviene così anche per la mafia: se ne commemorano le vittime nella speranza che il coraggio di combattere quel mostro sorga come per incanto dalla fenomenologia del ricordo e del cordoglio. Convinti, come sono molti, che il coraggio ritrovi il suo vero significato solo se lo si trasforma in una litania che cresce con la contrizione, l'effimero pentimento, ma soprattutto la glorificazione del coraggio altrui.

Un tempo il coraggio – nella sua accezione di ardimento fisico – era solo opera dell'umano, poi le macchine se ne sono impossessate: non più il guerriero armato delle sue proprie mani, ma di mitragliatrici, carri armati, lanciafiamme, cacciabombardieri. Un po' come accade ora con la tecnologia: fino a trent'anni fa bisognava pronunciarsi, scrivere, telefonare, dunque esporsi. Oggi si può comunicare, anzi si è indotti a farlo, senza un'interfaccia umana, dunque senza rischio, senza paura di compromettersi. E le umane virtù vengono delegate a ciò che umano non è. Così anche il coraggio rischia di diventare un'astrazione virtuale svuotata di senso.

Ci vuole un po' di coraggio per scrivere un libro sul coraggio, soprattutto per cercare di evitare ovvietà e ripetizioni. Nel farlo, parto dalla convinzione che questa parola debba essere reinventata, non attualizzata. Se essa fa riferimento a una forza morale, c'è da chiedersi che cosa significhi oggi possederla e consolidarla.

Il benessere ha reso il coraggio meno epico, più addomesticato, più alla portata di tutti, dunque anche la forza d'animo che è intrinseca a questa parola diviene meno strategica, meno distintiva delle qualità dell'animo umano.

Il coraggio non è per tutti, ma solo per chi ce l'ha – come diceva Alessandro Manzoni – o per chi ancora non sa di averlo. È un'azione del cuore, non solo etimologicamente, una ginnastica per addestrarsi a un'esistenza capace di rifuggire la mediocrità e il consenso a tutti i costi. Coraggio è «fortezza», come si diceva una volta, «virtù preferita» come scrive Marcel Proust.

La più grande urgenza sociale, secondo me.

Ho pensato che questo libro potesse essere utilizzato dal lettore come un ipotetico inventario di alcune declinazioni del coraggio. L'ho concepito come un'associazione di idee, un *brain-storming*, un esercizio utile, credo e spero, per stimolare adulti e non ancora adulti a ritrovare la forza della sfacciataggine e la capacità di resistenza che la vita ci chiede.

Soprattutto in queste pagine vorrei parlare del coraggio che dobbiamo inventarci per creare un nuovo mondo, se non vogliamo che siano altri a inventarlo per noi; il coraggio che i giovani devono riscoprire per non ritrovarsi tristi e rassegnati a non credere più nei loro sogni; il coraggio che tutti devono scovare in se stessi per iniziare un rinascimento ideale ed etico.

Perché, alla fine, il coraggio è la magica opportunità che permette di capire il presente e di costruire il futuro.

Il coraggio di educare

> Si raggiunge la felicità quando ci si rende conto di riuscire a controllare le sfide poste dal fato, ci si sente persi se aumentano le comodità.
>
> ZYGMUNT BAUMAN

> Essere madre o padre è il più grande atto di coraggio che si possa fare, perché significa esporsi a un altro tipo di dolore: il dolore dell'incertezza di stare agendo correttamente e della paura di perdere qualcuno tanto amato.
>
> JOSÉ SARAMAGO

Sono passati molti anni da quando ho cominciato a misurarmi con il verbo «educare». È avvenuto per caso, non per scelta. Del resto, per occuparsi di educazione bisognerebbe avere passato una certa età, quella che permette di aver accumulato esperienze e saperi, di essere magari diventato padre, di aver incontrato migliaia di insegnanti e genitori. Così, gradualmente, «educare» è diventata una parola del mio quotidiano. Anzi, un esercizio utile per comprendere meglio le persone e, più in generale, una metafora per interpretare la nostra cultura.

Ho notato spesso negli adulti un atteggiamento strabico, ambiguo e contraddittorio nei confronti dell'educazione delle giovani generazioni.

C'è chi tende a rifuggire da questo impegno, quasi lo percepisse un peso, una responsabilità eccessiva, qualcosa da scrollarsi di dosso sperando che gli anni dell'infanzia e dell'adolescenza passino in fretta e senza lasciare cicatrici. Un comportamento «pedofobico», proprio di persone che non riescono a identificarsi in ciò che si attribuisce all'età evolutiva e a ciò che la circonda: gioia, purezza, incanto, creatività libera e incondizionata, profonda inquietudine. I pedofobici sperano che sia un passaggio obbligato e possibilmente breve, una tappa dell'evoluzione verso l'età della ragione e dell'ordine, non invece la stagione che costruisce identità e personalità. Spesso pensano che l'educare consista in qualcosa di ripetitivo, quasi immutato nei decenni. Utile, forse, ma noioso.

Per costoro, i primi anni di vita devono essere considerati un percorso da accelerare: hanno nei confronti dei bambini e dei giovani un atteggiamento sbrigativo.

Si tratta di «adulto-centrici», che ritengono unico compito nei confronti dell'età evolutiva il cercare di semplificarne il più possibile il raggiungimento dell'età successiva. Un atteggiamento nel quale si riflettono forti sensi di colpa generati proprio dalla scarsa disponibilità o forse dalla percezione della propria inadeguatezza e da un'inconfessabile sensazione di disincanto nei confronti dei più piccoli.

Al polo opposto c'è chi pensa che l'educazione consista in una specie di prova per valutare la propria capacità di adulto: la si deve superare, anche se è estremamente faticosa. Costoro credono che negli ultimi decenni molto sia cambiato in peggio e che l'educazione sia diventata un'impresa difficilissima, tanto che molti padri e molte madri si sentono spiazzati dai mutamenti in corso, disorientati, perennemente in preda a una crisi d'identità: si sentono costantemente impreparati a esercitare un ruolo genitoriale, ad assumerne le responsabilità. Non le rifiutano, le drammatizzano.

Naturalmente, tra questi due poli si situa una miriade di persone: quelle che s'identificano nell'idea e nel progetto di crescere, di allevare/elevare un essere umano; quelle che amano la sfida educativa proprio perché è un'occasione per diventare adulti migliori.

Qualche anno fa, dovendo riproporre in una nuova veste editoriale tre miei libri che trattano questo argomento, pensai a un titolo semplice che però non risultasse scontato: «La gioia di educare». Con questa espressione intendevo far emergere e sottolineare l'aspetto più giocoso e allegro di questo «mestiere». Per detergerlo da un impasto oppressivo e svincolarlo da un'accezione intrisa di melenso senso del dovere, contaminandolo con quello del piacere e della leggerezza. Mio obiettivo era rendere l'educazione attrattiva anche per chi l'aveva sempre identificata con un atteggiamento di supponenza e distacco, ma anche liberarla dalla seriosità con cui l'aveva connotata – e condannata – Sigmund Freud quando descriveva il mestiere dell'educatore come una delle cose impossibili, accanto alla politica e alla psicoanalisi.

Da Adamo ed Eva fino a qualche decennio fa, la procreazione ha rappresentato un obbligo sociale fondamentale per il mantenimento della specie. Chi se ne voleva esentare doveva patire pesanti pregiudizi che relegavano, soprattutto la donna, ai confini della collettività in quanto individuo egoista e sfruttatore del bene altrui, quasi un nemico dell'umanità.

I figli rappresentavano la continuazione della specie, ma anche braccia utili a proseguire il lavoro nei campi o nelle officine, così come quello domestico: la cura dei vecchi, dei neonati e degli ammalati. Il «proletariato» indicava nei figli la risorsa economica e sociale indispensabile a garantire il proprio presente e il proprio futuro.

Poi però qualcosa è cambiato, i figli hanno perso la loro importanza salvifica, non sono più stati perno di sviluppo di una comunità.

Eppure, nonostante l'evidenza statistica che ogni anno segnala malinconicamente il declino demografico, molti pensano che in questi ultimi decenni non sia successo nulla di rilevante nella relazione tra adulti e bambini, che la nostra comunità sia sempre ordinata dagli stessi princìpi pedagogici.

In realtà, c'è stato un prima e un dopo, una linea di demarcazione non poi così difficile da individuare. Un solco profondo che ha trasformato non soltanto apparentemente il panorama del nostro Paese anche dal punto di vista educativo: il boom economico.

Fino alla metà degli anni Sessanta, il progetto educativo doveva rispettare le leggi principali della natura e dell'economia vissute come garanzie della sopravvivenza della società. Bisognava augurarsi che i figli nascessero in salute, che avessero cibo sufficiente, che disponessero di qualcosa con cui coprirsi, e i genitori dovevano sperare di avere denaro abbastanza a garantire loro l'istruzione necessaria per un lavoro migliore del proprio.

Le regole che disciplinavano questa crescita naturale ed economica erano semplici: rispettare chi permetteva la sopravvivenza, chi proteggeva la famiglia e ne garantiva l'economia domestica.

Affinché il passaggio generazionale potesse reggersi e perpetuarsi, si doveva instaurare una stretta collaborazione tra genitori, nonni e altri educatori (insegnanti, preti, allenatori sportivi...). A bambini e adolescenti non era concesso un ruolo proprio, ma dovevano essere riconoscenti a chi li aveva messi al mondo proprio perché, grazie a loro, potevano sperare di non morire troppo presto (evenienza non così rara, vista l'alta percentuale di gravi patologie neonatali e l'assenza di farmaci salvavita, come gli antibiotici, fino al secondo dopoguerra).

L'esistenza non aveva mai cessato di essere fondata sull'incertezza e l'insicurezza rappresentava la regola che ordinava anche la vita familiare e il rapporto con i figli. Chi avrebbe potuto convincere la generazione dei nostri genitori e dei nostri nonni che la seconda guerra mondiale sarebbe stata anche l'ultimo conflitto internazionale a coinvolgerli?

Per queste ragioni, crescere i figli significava svolgere un lavoro duro, ma naturale. E l'educazione era, anche sul piano economico, l'unica garanzia che una famiglia potesse darsi per assicurare continuità e prosperità alle generazioni a venire.

Tutto il resto dell'esistenza dei più piccoli, ciò che esulava dalla lotta per la loro sopravvivenza, compresa la libertà, era opzionale. Lo Stato, alle nostre latitudini, è una conquista recente e contraddittoria, in ogni caso lontana dalla vita quotidiana della gente.

Per ottemperare a leggi vissute come naturali ed economiche, la struttura familiare non poteva che fondarsi su un modello educativo piramidale, autoritario, proprio in quanto tali regole basilari non potevano e non dovevano essere messe in discussione, pena la perdita del controllo dell'intera impalcatura domestica, pilastro portante dell'intera comunità famiglio-centrica. Comandamenti che non si fondavano su princìpi ideali, ma erano impregnati da una forte matrice materialistica. Non si educavano i figli in base a opzioni ideologiche, ma fidandosi di un buon senso concreto, consolidato dall'esperienza delle generazioni precedenti. Per questa ragione, e per secoli, la figura del modernizzatore in campo educativo – non parlo di quello pedagogico – è stata rara e le poche eccezioni, fugaci meteore.

Con il boom economico tutto cambiò, compresa buona parte del nostro secolare senso di insicurezza. Quasi miracolosamente, iniziò a svanire la fragilità correlata alla caducità dell'esistenza, connotato primario delle nostre relazioni; anzi si stemperò a tal punto da permettere di interpretare con minor fermezza e maggior flessibilità quelle stesse regole educative amministrate fino ad allora con autoritarismo.

Un cambiamento così drastico delle basi materiali dell'educazione non poteva non avere conseguenze sulla formazione delle future generazioni.

Quando l'economia delle nostre imprese cambiò, quando il prodotto interno lordo dei Paesi più avanzati iniziò a consentire speranze e progettualità, anche l'equilibrio della comunicazione familiare trovò nuove forme per cominciare a declinare un linguaggio che solo un quarto di secolo prima sarebbe sembrato inaudito. Stava prendendo piede e diffondendosi ciò che potremmo chiamare, parafrasando Zygmunt Bauman, l'«educazione liquida».

Molti genitori hanno interpretato – per lo più inconsciamente – la più ampia circolazione del denaro, il maggior benessere percepito dalle famiglie come un inaspettato segnale di cambiamento che avrebbe dovuto coinvolgere anche il proprio ruolo educativo e il grado delle loro responsabilità: per la prima volta nella storia il loro mestiere non avrebbe più dovuto essere incentrato sulla preoccupazione di garantire migliori condizioni materiali ai figli.

Il boom economico si configurò così come una liberazione collettiva da un obbligo secolare e alimentò la sensazione che educare fosse diventato un compito meno drammatico, ma anche più opinabile. Non più irrigidita da una selva di regole perentorie, l'educazione apparve un'azione improvvisamente semplificata, perfino banalizzante del ruolo genitoriale.

Senza che la maggioranza degli adulti se ne fosse accorta, quando la miseria diventò per molti soltanto un ricordo, il compito educativo iniziò a svuotarsi del proprio significato. E tutto il resto, ovvero ciò che non era materiale né economico, avrebbe dovuto essere immaginato, inventato, creato ex novo.

E qui nacque il problema.

Dal punto di vista educativo, lo spartiacque costituito dalla crescita economica degli anni Sessanta significò, da un lato, la fine dell'epoca naturalistica ed economicistica, dall'altro l'inizio della sua trasformazione in educazione liquida, ovvero il principio del benessere educativo.

Una brusca tracimazione. Mentre si andava esaurendo una cultura dominata dalla convinzione che i figli dovessero essere cresciuti come l'insalata nell'orto, si faceva strada un'idea quasi opposta dell'azione educativa: avendo delegato al benessere economico il compito di garantire la crescita biologica dei figli, ai genitori rimaneva un ruolo relazionale e affettivo al quale si scoprirono ben presto impreparati.

«Nessuno mi ha mai insegnato a essere genitore» mi hanno ripetuto per anni genitori di ogni classe sociale e appartenenza culturale. Niente di più vero: gli insegnamenti, tramandati per secoli da generazioni di genitori, non valevano più, non rappresentavano più una guida. E il resto, ciò che era stato liberato dalla necessità dell'accudimento materiale, non era stato ancora pensato, né progettato. Una novità che non poteva rassicurare il mondo degli adulti.

La diffusione del benessere aveva aperto le porte alla libertà e alla possibilità di concedersi ciò che il nuovo potere d'acquisto finalmente sembrava permettere e promettere a molti.

In termini educativi, ogni azione si misurava con ciò che ciascun genitore poteva concedere ai propri figli. Una conquista che, per essere convincente, doveva possedere un requisito: essere visibile. L'educazione passò così da mestiere interno, domestico, a pratica esteriorizzata, vetrina del raggiungimento di uno *status symbol* finalmente conquistato.

Del resto, la visibilità non è un'esigenza contemporanea. Il benessere economico è sempre stato connaturato a un bisogno estetico. Il potere promesso dal denaro doveva essere visibile per consentire a chi lo possedeva di venire rispettato.

Ancora negli anni Cinquanta e Sessanta chi, per fortuna o abilità, non pativa più la fame, doveva essere riconoscibile già dall'aspetto fisico – il ventre pasciuto e l'unghia del mignolo sporgente e pulita dovevano essere ben evidenti – in quanto prova dell'avvenuto affrancamento da una condizione di subalternità alimentare, quindi economica e sociale.

Analogamente, negli anni immediatamente successivi al boom economico molti iniziarono a inseguire i simboli dell'avvenuta crescita anche in campo educativo. Così, dalla fine degli anni Sessanta, molti ragazzi cominciarono a vestirsi alla moda, a possedere la cartella di cuoio o il motorino ultimo modello, a poter andare in vacanza nei posti più divertenti e, soprattutto, a godere di un grado di libertà consono al nuovo tenore di vita e alla nuova concezione esistenziale.

Si venne così ad affermare una *nouvelle vague* educativa che accolse con grande fervore un'idealità genitoriale imperniata tanto su nuove e inaudite concessioni di libertà, quanto sulla profusione di denaro per concedere ai propri figli il superfluo. Si passò dall'insegnamento del dovere al diritto di pretendere, soprattutto ciò che non è essenziale.

Mentre per secoli l'educazione si era ispirata a un modello sobrio, quella liquida del post-boom trovò il proprio fondamento nella proliferazione dei simboli di nuovi templi pagani: denaro e libertà. Diventò eticamente giustificabile qualsiasi cosa potesse reggersi sull'encomio dell'accessorio: vero e proprio gagliardetto dell'avvenuta acquisizione di prosperità e benessere.

Il *new deal* educativo poggiava su basi squisitamente ideologiche. Un tempo sarebbe stata inconcepibile l'idea che potesse esistere un genitore di destra o di sinistra: dagli anni Sessanta diventò non solo possibile, ma auspicabile. Iniziarono battaglie sui diversi modi di raccontare l'educazione dei figli: se da una parte c'era ancora qualcuno che, soprattutto per appartenenza politica, riteneva di dover utilizzare ciò che rimaneva dell'autoritarismo delle generazioni precedenti, dall'altra si diffondeva con maggiore convinzione un'idea liberal dell'educazione, figlia della teoria che io chiamo del «permissivismo educativo».

Si fece largo il principio secondo il quale il bambino doveva essere al centro dell'interesse della famiglia, con conseguente diritto a reclamare attenzioni, libertà, oggetti.

Anch'io sono stato tra gli intellettuali che in quegli anni lontani guardava alle teorie antiautoritarie di Benjamin Spock con interesse e curiosità. Il dubbio che la mia esperienza clinica mi ha fatto sorgere, con il tempo, è che quel *new deal* educativo stesse portando a un paradossale conflitto: da un lato genitori che pensano di dover dare sempre di più ai figli, dall'altro figli che avanzano pretese riguardo a nuovi supposti diritti. Con l'andare degli anni, ho avuto la sensazione che ciò abbia generato una grande confusione di ruoli, ma soprattutto sia stato alla base di quella fragilità genitoriale di cui oggi tanto si parla a proposito della cosiddetta emergenza educativa.

Lungo questo nuovo corso, affollato di contraddizioni e fraintendimenti, si sono originati, collateralmente, due fenomeni paralleli: da una parte, la crescita di nuovi sensi di colpa in genitori che si sentono perennemente in difetto rispetto al ruolo di «datori» (pensano di non essere abbastanza bravi a elargire quanto viene richiesto dai figli o che altre famiglie sembrano essere in grado di dare); dall'altra, i figli vedono depotenziate le proprie capacità di creare senza dover dipendere da sponsor domestici, di costruire senza il loro sostegno, proprio perché sono stati cresciuti con l'idea che i genitori devono essere sempre presenti, disponibili e generosi. Un problema che, più avanti negli anni, tende a esplodere non appena i ragazzi impattano con la realtà cruda della vita, che richiede capacità autonome di sopravvivenza e di progettazione.

Siccome ciò che un genitore in genere riteneva di dover fare era offrire cose materiali, invece di confrontarsi su idee e progetti, il risultato finale è stato far assomigliare un padre o una madre a un bancomat, piuttosto che a un educatore.

Si potrebbe affermare che il connotato prevalente dell'educazione sia tornato a essere, paradossalmente, quello materiale dei decenni precedenti al boom economico. Con una differenza sostanziale, però: non è più il necessario che si deve donare, ma il superfluo.

«Guardi che ai miei figli non ho mai fatto mancare niente...» è una delle frasi che mi capita più frequentemente di ascoltare da parte dei genitori, anche quelli attenti e coinvolti nel ruolo educativo.

Per molti padri e madri, infatti, il compito educativo consiste nel dispensare gratuitamente ciò che ritengono possa facilitare la vita. Non è più il vecchio obbligo morale – ovvero salvifico – ciò che oggi porta sempre più un genitore a trasformare la propria relazione con il figlio in profferta di cose e di libertà, ma sono i suoi infiniti sensi di colpa, la sua costante sensazione d'inadeguatezza. In questo si connota la duplicità del *new deal* educativo.

I figli – bambini, adolescenti o giovani adulti – si trasformano così in vasi vuoti da riempire nella vana speranza di saturare l'ansia genitoriale.

Fino a qualche decennio fa il senso di colpa non caratterizzava la figura del genitore. Quando l'esistenza era dura, l'educazione era essenziale, e se un padre portava a casa un salario sufficiente a sfamare la propria famiglia si riteneva più che soddisfatto, a posto con la coscienza. Se poi i figli commettevano qualche errore o si comportavano male, quei padri e quelle madri non pensavano che ciò dipendesse da un proprio difetto educativo, ma da una responsabilità esclusiva del loro discendente. Per tale ragione era scontato che il genitore si alleasse con l'insegnante: entrambi condividevano un'idea di severità e di intransigenza, si spartivano una responsabilità senza cercare scuse o mediazioni o compromessi.

Oggi per un padre o per una madre è diventato complicato rispondere alla più semplice delle domande: qual è l'essenziale nell'educazione dei tuoi figli? Pochi pensano di possedere una stella polare cui riferirsi; anzi, molti ritengono che non sia poi così indispensabile ricercarla. In realtà, è l'essenziale a rendere la vita degna di essere vissuta.

Non avendo, in genere, riferimenti per sé e non avendo ben chiaro nemmeno il motivo per il quale bisogna vivere davvero, il genitore «liquido» tende a orientarsi in maniera estemporanea, impressionistica. Non riconoscendo l'esistenza di un «centro di gravità» nell'educazione – anzi, sapendo di non possederlo proprio – ricorre a ciò che è più semplice e ansiolitico: dispensare facilitazioni. In effetti, non è poi così faticoso aprire un portafoglio, soprattutto per chi ne possiede uno abbastanza fornito, così come non lo è elargire libertà inusitate e precoci.

Alla fine, l'unico lenimento in grado di stemperare la perenne apprensione genitoriale sembra il «non far mai mancare niente» ai propri figli. Un'ossessione che attraversa le famiglie italiane: bambini e adolescenti devono essere colmi, perennemente satolli, sazi anche di sciocchezze, di cose futili e di libertà non essenziali.

Per molti genitori vale la regola che più si è in grado di offrire, meglio si viene giudicati da se stessi, dai propri pargoli e dalle altre famiglie, dal comune sentire. Pochi di loro hanno il dubbio che l'esercizio del dare possa rendere passivi i destinatari delle continue elargizioni.

Quale genitore pratica il proprio mestiere di educatore offrendo il proprio tempo e il buon esempio, invece di oggetti o denaro o libertà? Io ne conosco pochi. Il motivo è semplice: si fa prima a regalare una cosa che a trascorrere del tempo insieme; è molto meno faticoso e, nella nostra cultura contaminata dall'abuso delle tecnologie digitali, tutto ciò che è comodo è vantaggioso.

Semmai il tempo offerto ai figli è inteso come servizio – si accompagnano a scuola, a fare attività sportive o ricreative – non come un modo per stare insieme. Anche perché trascorrere del tempo senza uno scopo specifico è considerato da molti stridente con una modernità intesa come affanno, rapidità, abilità di fare sempre più cose contemporaneamente.

Se un genitore mi chiedesse un consiglio su accorgimenti da adottare per correggere, almeno in parte, gli effetti collaterali del *new deal* educativo, gli suggerirei di fare il contrario di quanto oggi fa la maggior parte dei padri e delle madri: invece di dare, dovrebbe sottrarre.

Il coraggio di educare, di cui si sente un bisogno così grande, risiede proprio nella capacità di togliere, non di aggiungere.

Ricordo di aver letto un'intervista al padre di Bill Gates. Alla domanda semplice e interessante: «Come ha fatto a tirare su un genio come suo figlio?», lui aveva risposto, quasi ingenuamente: «Ho tolto».

Se abbiamo a che fare con un giovane di talento, perché dovremmo dargli qualcosa di più del nostro supporto morale, della nostra vicinanza, della nostra complicità? Tutto il resto – carriera, soldi, felicità, successo – sarà certamente quel giovane talento a procurarseli, non certo i suoi genitori a permetterlo o realizzarlo per lui. Un genitore non è lo sponsor dei propri figli, se non moralmente.

Possedere il coraggio di educare significa essere capaci di credere nei ragazzi, di pensare che riusciranno a camminare con le loro gambe, esattamente come sono stati in grado di fare i loro genitori. Quindi dobbiamo trovare il coraggio di togliere loro quell'eccesso di sicurezza che porta alla miopia.

Volentieri mi presto ad aiutare un'anziana claudicante ad attraversare la strada, ma non vedo proprio perché dovrei farlo se al suo posto ci fosse un diciottenne. Al massimo, potrei ricordargli che su quella strada passano camion e macchine veloci, anche se così offenderei la sua intelligenza.

L'eccesso di tutela da cui molti genitori sembrano afflitti aiuta i loro figli non a crescere, ma a diventare ancora più dipendenti dagli adulti di riferimento.

Ci vuole molto coraggio per essere educatori oggi, ma non perché i tempi siano più difficili: il fatto è che a molti adulti mancano la disponibilità e l'audacia di saper rischiare sui propri figli, di credere fino in fondo nelle loro capacità e nel loro talento.

La mancanza di coraggio educativo sta infiacchendo intere generazioni di giovani. «Troppa biada ammala il cavallo» dicevano i vecchi. Il *new deal* educativo è stato capace di offrire l'eccesso, non di stimolare. Si è optato per rafforzare la relazione mercantile dell'educazione e non quella ideale, fatta di esempi, iniezioni di fiducia, provocazioni, sfide.

Se don Milani avesse fatto propria la nuova moda educativa degli anni Ottanta e Novanta, non avrebbe fondato la scuola di Barbiana. Si sarebbe limitato ad accudire i bambini che ogni giorno la frequentavano, non ad acuirne carattere e personalità. Non li avrebbe forgiati alla critica e perfino all'insubordinazione pur di coltivare in loro l'inclinazione a vivere e pensare a modo proprio e non secondo i dogmi altrui.

Un buon educatore dovrebbe conoscere la differenza fra due accezioni del verbo «stressare»: non «snervare» i propri figli con inutili richieste e puntualizzazioni, ma «sollecitarne» il talento innovativo e un grado di autonomia.

Per permettere ai giovani di trovare nuove ragioni per sperare, occorre distruggere i loro paraocchi. La vita è dannatamente più complessa di una lista della spesa. Se si toglie, invece di continuare a dare, nascerà in loro il desiderio e, con esso, l'infinito inventario di emozioni e di passioni: l'essenziale è conoscere la necessità di esplorarle. Il coraggio di educare significa stimolare la ricerca di questa forza interiore.

Vivere è una necessità, sopravvivere è un atto burocratico.

Scuole di coraggio

> Gli alberi hanno una vita segreta, che si rivela solo a coloro che sono pronti a salirci.
>
> REINALDO ARENAS

> Una volta che si comincia a vedere, non possiamo che cercare il coraggio di vedere di più.
>
> ARTHUR MILLER

Cosa potrebbe essere una scuola, se non un hangar dove s'impara a volare? Eppure noi adulti, piuttosto che impartire le istruzioni per far spiccare ai nostri figli il volo, li sovraccarichiamo di paure: di cadere, di mangiare troppo o troppo poco, di sbagliare, di perdersi, di essere diversi, di non essere accettati... Non permettiamo loro di conoscere un albero, proibendo di salirci. I bambini dovrebbero crescere sapendo che qualsiasi cosa vorranno scoprire li aiuterà a conoscersi e a volersi bene. Altrimenti diventeranno adulti irrisolti, pronti a qualsiasi compromesso con se stessi o con gli altri, perennemente in cerca di conferme. Lo scenario peggiore è vedere che i nostri piccoli stanno crescendo invertebrati.

C'è un gran bisogno di trovare nuove forme di pratiche educative illuminanti. Non ho mai creduto nella pianificazione ministeriale: le nuove idee nascono in luoghi circostanziati – un tempo si diceva «piccolo è grande» – perché hanno bisogno di essere sperimentate e valutate. E solo in seguito possono essere generalizzate.

Per fortuna, non bisogna rifarsi soltanto agli esempi storici di Maria Montessori, di don Lorenzo Milani, di Mario Lodi, di Margherita Zoebeli, e nemmeno a quello più recente di Reggio Children. Per trovare qualche esempio coraggioso non si deve andare nemmeno troppo lontano, basta guardarsi attorno.

A Torino sta nascendo, sotto la spinta creativa di un gruppo di cittadini competenti, una scuola elementare innovativa. Sono orgoglioso di constatare che trae ispirazione da alcune idee che, molti anni fa, avevo proposto nel libro *Non siamo capaci di ascoltarli*. In questo esperimento infatti, finalmente, i bambini non dovranno più sobbarcarsi zaini pieni di libri, in genere trasportati da genitori-sherpa, in quanto sussidiari e quaderni rimarranno in classe (come dissi allora: avete mai visto un operaio della Fiat portarsi a casa un tergicristallo?), e soprattutto, frequentando a tempo pieno, non dovranno sottoporsi alla tortura dei compiti a casa, pratica che spesso porta i genitori a funzionare da tutor, con risultati imbarazzanti sia per loro sia per i figli. Una buona agenzia educativa non dovrebbe delegare alla famiglia il proprio ruolo, né maestri e maestre dovrebbero valutare i bambini utilizzando i voti.

Questa esperienza innovativa, che sorgerà all'interno del Basic Village, si chiama «La scuola possibile». È un istituto privato che nasce da un'idea di Laura Milani, direttore dello IAAD, l'Istituto di Arti Applicate e Design. L'idea fondamentale è trovare un nuovo terreno di crescita e di confronto tra scuola e famiglie per porre fine a un troppo frequente e orribile clima quasi competitivo che spesso si risolve in una specie di braccio di ferro tra genitori e insegnanti, con il risultato di trasformare i primi in sindacalisti dei loro pargoli e i secondi in esecutori di mediazioni educative scaturite da questo incomprensibile, assurdo conflitto.

Laura spiega che ogni classe sarà composta al massimo da 15-18 bambini, in modo che ognuno di loro possa ricevere la giusta attenzione e non debba finire per essere parte indistinta di un gruppo indistinto. Ci saranno cinque aree d'insegnamento: alfabetizzazione, immagine, scienza, suono e movimento. E naturalmente vi sarà, anno dopo anno, un numero crescente di ore di inglese. L'orario previsto è dalle 8 alle 17, ma all'interno di questo tempo vi saranno ampi spazi dedicati al gioco, al pranzo, al riposo. La crescita vista finalmente come autonomia e responsabilizzazione. Evitando i voti, la valutazione di ogni bambino, come ho sempre sperato, si baserà anche su capacità creative, autostima e autonomia, variabili assenti nelle pagelle di qualsiasi altra scuola.

Un altro aspetto organizzativo interessante riguarda il coinvolgimento di aziende private: finalmente si comincia a capire che l'educazione delle giovani generazioni è troppo importante e complessa per delegarla soltanto allo Stato e alla sua burocrazia. Esattamente ciò che auspicavo quando proposi, all'interno del Progetto «Buona Scuola» del ministero dell'Istruzione, l'allargamento al settore scolastico, pubblico e privato, dell'Art Bonus, ovvero la possibilità per un privato di finanziare progetti (in quel caso, il restauro di opere architettoniche o artistiche) potendo detrarre dalla denuncia dei redditi il 60 per cento di quanto investito. Si tratta di una proposta coraggiosa che contribuirebbe tra l'altro a soddisfare l'esigenza, spesso drammatica, di fondi sia per mettere a norma gli edifici scolastici, sia per introdurre forme di didattica innovativa, come illustra l'esempio della «Scuola possibile» di Torino.

Un altro esempio coraggioso e creativo viene da Piacenza. Su «la Repubblica» del 19 febbraio 2017 Maria Novella De Luca riferisce di una sperimentazione curiosa e innovativa. Si tratta di un asilo nido dove i bambini incontrano gli ospiti di un'attigua casa di riposo e crescono anche insieme a loro. Un luogo dove la lentezza è un'opportunità e non una limitazione (ricordo una bellissima esperienza che feci anni fa a Genova, al Teatro dell'Archivolto, lavorando con i bambini delle elementari a «rallentare»).

Quale esperienza più bella, per un bambino, di una nonna che insegna a fare la sfoglia o una crostata? La nonna si diverte e si sente ancora utile, il bambino impara giocando quanto è bella la sensorialità del mettere le «mani in pasta».

Ho sempre pensato che un asilo funziona bene quando un bambino vi arriva al mattino pulito e il pomeriggio torna a casa sporco: significa che in lui è transitata un'emozione che può avere il sapore della farina, il colore di un pennarello, la forma di una magnifica scultura di plastilina. In questo asilo, semplicemente e originalmente, tale magia si compie, lasciando in ognuno stupore, gioia, esperienza. Crescita.

Qui Aurora, trentasei mesi, gioca in cucina con Maria, novant'anni, mamma, nonna, bisnonna. Mentre Franco, classe 1933, legge le fiabe ai bimbi, e Olga, del 1927, racconta la propria storia a un gruppetto di bambini estasiati. La chiamano educazione intergenerazionale e consiste nel far coabitare nella stessa struttura un asilo nido e un centro anziani, i piccolissimi e i grandi vecchi. In questo modo si creano occasioni di incontro tra generazioni differenti che determinano una saldatura tra le diverse componenti della comunità. Casa di riposo e asilo condividono una grande struttura moderna di vetro e acciaio, finestre luminose sul verde, spazi ampi e colorati che ospitano circa ottanta anziani e un nido per quaranta bambini dai tre mesi ai tre anni. Luoghi separati, naturalmente, ma collegati da aree comuni.

Ecco cos'ha detto a Maria Novella De Luca il novantaquattrenne Giacomo Scaramuzza, ex giornalista del quotidiano cittadino «Libertà», tuttora attivissimo: «Quando sono venuto a vivere qui, non sapevo che ci fossero anche i bambini. Per me che non ho avuto figli sono stati una scoperta incredibile. Io partecipo a tutte le attività, con loro non c'è bisogno di parole, ci si capisce con gli sguardi, c'è uno scambio assolutamente naturale. Troppo spesso oggi le età non si incontrano, come se la vecchiaia fosse qualcosa da nascondere. Così, invece, è un po' come passare il testimone...». L'entusiasmo di un bambino è contagioso, un genitore se ne accorge dal suo sguardo. Per un bimbo, passare del tempo con un anziano non significa solo apprendere qualcosa con dolcezza, ma imparare a rispettarlo nei suoi tempi e assecondare i propri. Perfino la disabilità diventa un gioco e ci si convive con serenità.

Franco Campolonghi, ottantaquattro anni, responsabile della biblioteca del nido, aggiunge: «I libri e i giornali sono stati sempre la mia più grande passione, da giovane divoravo i classici. Così, sapendo del mio amore per la lettura, mi hanno chiesto se volevo occuparmi dei libri per il nido. E per me è stata una festa. Mi sono informato, ho cercato i testi giusti. Ogni giovedì i piccoli salgono qui con le educatrici e noi vecchi leggiamo loro le favole. Ci divertiamo un mondo, e vedessi quanto sono attenti. Se smetti ti tirano per la giacca. E alla fine vogliono sempre ricominciare da capo».

L'esempio dell'asilo nido di Piacenza si fonda sugli stessi princìpi di un progetto coordinato da Renzo Piano, cui ho collaborato. Quando pensavamo al pianoterra di un edificio scolastico, sapevamo che doveva essere un luogo pubblico, frequentato dalla gente comune, così come il tetto, trasformato in orto, dove i nonni potevano insegnare ai nipoti come cresce l'insalata. Una scuola intesa come un wafer, dove il sotto e il sopra sono la comunità che abbraccia e fa crescere i propri bimbi.

Scuole di coraggio, piccoli esempi virtuosi di gente che si dà da fare, che partorisce belle idee che non costano nulla, che ha voglia di non cedere a un pessimismo ammuffito, ma cerca la gioia di distruggere certi stereotipi che allentano le maglie della nostra comunità e creano solitudini impenetrabili. Il coraggio di non replicare povere esperienze già viste e già note, ma di andare oltre.

Perché questi esempi non rimangano isolati, occorre che lo Stato sia il primo a credere nelle esperienze innovative, liberandole da vincoli e divieti e dai mille laccioli burocratici, per lasciare spazio alla creatività che ha contraddistinto i grandi pionieri della nostra pedagogia. Una buona scuola coraggiosa ha anche un effetto virale sui genitori, che si sentono a loro volta incoraggiati a non temere queste novità, ma a vederle come occasioni di crescita collettiva.

Mi piacerebbe che questi esempi potessero proseguire e moltiplicarsi, coprendo non solo gli anni della materna e delle elementari, ma anche quelli della scuola media (età oggi delicatissima per lo sviluppo educativo del preadolescente) e delle superiori. La creatività non manca, è il coraggio di crederci che spesso viene meno.

Il coraggio di bocciare

> Nel bel mezzo dell'inverno ho scoperto che vi era in me un'invincibile estate.
>
> ALBERT CAMUS

> Ciò che non mi distrugge mi rende più forte.
>
> FRIEDRICH NIETZSCHE

Se la scuola italiana conservasse le stesse caratteristiche di innovazione e di creatività che animano le esperienze di cui ho appena parlato, ne trarrebbe vantaggio non solo una nuova generazione di bambini, ma il Paese intero, anche in termini economici, perché crescerebbe una futura classe dirigente capace e virtuosa.

Invece, dalle elementari alle medie e alle superiori, si assiste a una sorta di inversione di marcia: il tasso di creatività tende ad azzerarsi, lasciando spazio a una burocrazia che sembra interessata soltanto a trasformare la scuola in un'azienda di scarsa qualità.

Non credo di essere l'unico a pensare che la scuola debba essere meritocratica. Non lo penso per scelta ideologica, ma perché è fondamentale insegnare ai nostri figli che nella vita bisogna imparare a fare bene qualunque cosa si stia facendo. Oggi, questo semplice principio di buon senso sembra addirittura vilipeso.

Non ho mai amato la scuola autoritaria, ma quella autorevole sì. Ai tempi miei, i maestri e le maestre usavano «mani pesanti» per impartire agli alunni le più semplici correzioni del comportamento. Ho conosciuto abbastanza bene la didattica sadica che prevedeva, oltre alle sberle, l'uso di strumenti correttivi come mettere in castigo dietro la lavagna o far inginocchiare sulle nocciole i bambini meno collaborativi: era l'estensione dentro le mura scolastiche di una cultura autoritaria e repressiva che dominava il clima familiare di quegli anni.

Superata, fortunatamente, la tentazione autoritaria, si è passati dall'altra parte: il «condono» didattico usato a garanzia di una pacificazione educativa sanciva sì la morte dei sistemi coercitivi, ma cedeva anche il passo a un *laissez-faire* sconcertante.

La cultura del lavoro proveniente dalla pubblica amministrazione ha, ormai da anni, prodotto effetti nefasti sulla scuola, pubblica e privata. Come ha giustamente sottolineato Ernesto Galli della Loggia in un articolo sul «Corriere della Sera» nell'aprile 2017, «il sistema d'istruzione italiano – così come gran parte di quello lavorativo – si regge sulle promozioni d'ufficio. Così la scuola rinuncia a selezionare gli studenti in base al merito».

In realtà si tratta di un fenomeno insito nell'idea alla base della formazione degli insegnanti. Per decenni la scuola è stata trattata da governi e sindacati come un serbatoio di voti e di consenso. Il principio è semplice: ti offro un posto di lavoro con un salario basso, ma non ti seleziono per merito né valuterò mai le tue reali competenze e capacità. Risultato: la professione dell'insegnante viene scelta non perché socialmente strategica, ma come una terra di nessuno, dove per entrare basta avere alcune (poche) conoscenze e, una volta entrati, non si deve più dimostrare a nessuno il proprio valore.

Se un docente viene scelto in base a questo criterio (solo di recente si comincia a ragionare in maniera diversa, anche se la parola «valutazione» continua a essere indigesta a buona parte del personale insegnante), non può certo essere lui/lei a ritenere che il merito diventi l'asse portante del compito didattico.

A una «didattica invertebrata» si è saldato il pernicioso «buonismo genitoriale», e l'innesto ha prodotto il disastro che le statistiche internazionali sottolineano da anni: così come il merito non fa parte del DNA di buona parte degli insegnanti, tantomeno i genitori sono portati a difenderlo. Le cronache parlano spesso di vere e proprie rivolte parentali contro il povero docente reo di voler bocciare chi non studia.

Questo cortocircuito deleterio è stato perfezionato da alcune norme ministeriali sul finanziamento degli istituti. Se una scuola ricorre a troppe bocciature, infatti, corre il rischio di non aver accesso a certi canali di finanziamento, di precludere al dirigente un avanzamento di carriera, o addirittura di essere soppressa e accorpata a un'altra a discapito del numero di insegnanti. Un preside, anche in seguito alle pressioni dei genitori degli alunni nullafacenti, potrebbe quindi intervenire sull'insegnante meritocratico per convincerlo a trasformare i quattro e i cinque in sei, e il gioco è fatto: tutti promossi, compresi gli asini.

Tra il 2015 e il 2016 la percentuale dei bocciati agli scrutini di fine anno è scesa dal 9 al 7 per cento; il numero dei rimandati a settembre è calato dal 25 al 22 per cento; il 99,5 per cento degli ammessi all'esame di maturità è stato promosso. Occorre anche tenere conto del fatto che questi dati variano sensibilmente da regione a regione: ci sono città dove tutti sono automaticamente promossi (i diplomati con il massimo dei voti in Puglia e Campania sono stati più numerosi che in Emilia, Lombardia, Piemonte, Toscana e Veneto) e altre dove resiste ancora un minimo di meritocrazia. La conseguenza è evidente: all'università arriveranno generazioni di studenti sempre meno preparati, ma sempre più convinti che anche la formazione superiore debba funzionare allo stesso modo. Cosa che sta puntualmente avvenendo, con il risultato che nessuna accademia italiana è tra le cento migliori del mondo. Classifica compatibile, fra l'altro, con l'alto tasso di nepotismo che caratterizza gli atenei italiani rispetto a quelli europei e americani.

Nel frattempo, come se questo non bastasse, abbiamo infarcito il Paese di istituti dove basta pagare una retta (in genere piuttosto salata) e la promozione è praticamente garantita.

La sommatoria di questi fenomeni porta a un risultato contraddittorio: nonostante la qualità della preparazione degli studenti che si iscrivono all'università decresca in ragione della minore selezione subita, gli iscritti all'università aumentano (solo nel 2017 il numero delle matricole è cresciuto del 4,3 per cento, con punte di oltre il 20, in gran parte a causa della riapertura di corsi di laurea a numero chiuso), mentre diminuisce il numero degli studenti che riescono a terminare gli studi: l'Italia è al penultimo posto in Europa per numero di laureati, subito prima della Romania.

Si continua a sbandierare la parola «merito», ma si critica ogni tentativo di valutazione dei livelli di apprendimento, proposti per esempio da Invalsi, e si tollerano diplomifici e università dove ogni anno si truccano i test d'ingresso, come è avvenuto recentemente sia per facoltà di medicina, sia per scuole di specializzazione.

Una generazione didatticamente «condonata» non può che finire a ingrossare il numero già enorme dei giovani che smettono di studiare precocemente e non intendono lavorare (anche perché non saprebbero cosa fare): le ultime statistiche dicono che sono più di tre milioni, con un costo pari a una manovra finanziaria.

Il caso della mamma che ha inviato attraverso WhatsApp il compito al figlio per l'esame di maturità è emblematico: buona parte dell'opinione pubblica, compreso qualche funzionario ministeriale, ha trovato comprensibile il gesto che è stato chiamato «debolezza», anzi c'è stato chi lo ha ritenuto un atto d'amore.

Ci vorrebbe un pizzico di coraggio e di buon senso. Basterebbe bocciare chi non merita la promozione e credere nelle capacità degli insegnanti esigenti e preparati. Basterebbe che i genitori smettessero di intromettersi nel lavoro scolastico dei propri figli: non c'è nulla di peggio di un padre o di una madre difensori d'ufficio della propria prole.

Una bocciatura contiene un elemento di generosità: significa permettere a un giovane di conoscere i propri limiti per poterli superare, e talvolta rappresenta l'unico modo per aiutarlo a scoprire ciò che vuol davvero fare.

Promuovere tutti è un'opera empia che rivela una grande sfiducia nel futuro. Significa voler fare del male ai nostri giovani: quando entreranno nella vita adulta e scopriranno che il merito è un valore oltre che una risorsa, e che nel mondo «reale», al di là delle Alpi, la bocciatura esiste, per loro sarà un'esperienza dolorosissima, aggravata dall'irreversibilità del percorso compiuto fino ad allora. Se non vogliamo questo, dobbiamo riconoscere che un professore severo ed esigente contribuisce a costruire una classe dirigente preparata e capace di sopravvivere in un mondo globalizzato e complesso.

Si fa un gran parlare dell'opera di don Milani. In realtà, pochi l'hanno letta e ancor meno sono quelli che l'hanno capita, altrimenti non dovremmo assistere a questa sciagura annunciata: non il coraggio, ma l'impotenza diventerà purtroppo la caratteristica distintiva di un sistema scolastico ormai boccheggiante.

Il coraggio di allontanarsi

La prova di coraggio non è di morire, ma di vivere.
VITTORIO ALFIERI

Il futuro ha molti nomi: per il debole significa l'irraggiungibile; per il timoroso significa lo sconosciuto; per il coraggioso significa opportunità.
VICTOR HUGO

Mi scrive la signora Emanuela da Firenze:

> È mai possibile vedere ancora tante mamme della mia generazione, tra i 50 e i 60 anni – ma forse le più giovani fanno anche peggio – con figli e figlie ormai sposati e con prole, correre ogni mattina a portare i nipoti a scuola, e addirittura portarsi a casa i panni da lavare e riportarli belli puliti e stirati alla «povera famigliola che altrimenti non saprebbe come fare»? Certamente la responsabilità è da ambo le parti, ma noto che è sempre più frequente e sono letteralmente sconcertata ... perché i giovani sembrano aver perso la dignità di fare da soli?

Fino a non molto tempo fa, l'accudimento dei piccoli prevedeva un periodo di tutela e rafforzamento e poi, una volta avvenuta la maturazione, il distacco. È la metafora del nido, ovvero i genitori insegnano ai figli i rudimenti per il «grande volo», affinché possano avere fiducia nelle proprie capacità di aprire le ali e prendere la propria direzione, tra i venti, nel cielo. Il mestiere più prossimo a quello dell'educatore è, infatti, l'istruttore di volo o, ancor meglio, la figura metaforica del «guru», parola di origine sanscrita che etimologicamente significa «colui che conduce dal buio alla luce», indicando quindi una direzione, la stella polare.

Un genitore ha il compito di trasmettere dei valori, i colori primari di una tavolozza. A Napoli l'educazione dei bambini viene chiamata «imparata di creanza», in quanto deve essere basata su alcune regole fondamentali. E ognuno, sia chiaro, ha le proprie, in relazione a cultura di provenienza, visione del mondo, tasso di coraggio.

«Dagli occhi di un bambino decollano gli aeroplani. Se chiudesse gli occhi, cadrebbero. Solo lo stupore li mantiene sospesi...» scrive il poeta cubano Alexis Díaz Pimienta. Il coraggio necessario per crescere le nuove generazioni si basa sul sapere e sul credere che un bambino abbia già in sé il talento per vivere: una grazia che va custodita e nutrita. L'educatore sa che nello sguardo di un bimbo c'è già tutto il necessario – lo stupore –, deve soltanto crederci e farlo decollare.

Nella vita, i migliori hanno volato come hanno saputo e creduto. Quando si comincia a invecchiare e si arriva sulla sommità della collina, ognuno – compresi quelli che non hanno saputo o voluto usare le proprie ali – guarderà la valle dell'esistenza trascorsa e tirerà le somme: ciò che ha fatto di buono è merito suo, ciò che ha sbagliato non è demerito di altri. Un'assunzione di responsabilità che funziona a patto di non confondere i ruoli tra maestro e allievo, genitore e figlio.

Tuttavia, negli ultimi decenni le cose sembrano essere cambiate anche da questo punto di vista. È diventato difficile individuare il momento del distacco, la linea d'ombra che divide la comodità del nido dall'asprezza del mondo esterno.

In un gioco perverso in cui si tende ad anticipare le età dello sviluppo – i bambini diventano grandi prima e vogliono vivere precocemente le proprie libertà, inclusa quella sessuale – e a rallentare quelle della maturazione (i quarantenni vivono ancora in casa con i genitori), la relazione tra generazioni assume la forma di un elastico senza né capo né coda. Sembra che la soluzione della continuità educativa sia scomparsa dal nostro orizzonte culturale.

La caratteristica più evidente delle famiglie è una diffusa immaturità, ovvero l'indisponibilità, di tutti, a crescere. I nonni insistono nel fare i genitori. I genitori sembrano non conoscere più l'elaborazione del lutto dell'allontanamento, non vogliono comprendere che per crescere i propri figli occorre avere il coraggio di staccarsene.

Si formano così agglomerati familiari nei quali sembra non esistere più l'età dell'abbandono, anzi credo che questa parola abbia assunto un significato unicamente negativo. L'idea che si possa progredire per dicotomie, per separazioni, viene relegata in un passato lontano: icona di un Paese miserabile dove i figli erano costretti a emigrare lontano per cercare fortuna.

La crescita come autonomia è diventata per qualcuno una contraddizione in termini. Parte della generazione dei figli pare aver optato per un'autonomia virtuale, piuttosto che reale. Uno dei dati più sorprendenti è il calo del numero di diciottenni con patente: negli ultimi cinque anni il numero dei neopatentati è sceso del dieci per cento.

I privilegi di cui godiamo oggi creano l'illusione che non debba esserci commiato. Anche in questo il *new deal* educativo ha prodotto storture imbarazzanti. La nonna accudisce la figlia, la quale si trasforma nella migliore amica dei propri figli: non c'è più diversità di ruoli e di compiti, ma un'unica melassa che non consente al più piccolo della filiera di distinguere tra chi è già cresciuto e chi deve ancora farlo. Così spariscono le figure del capitano e del mozzo: una sorta di egualitarismo pseudodemocratico in cui nessuno sembra più avere responsabilità, un livellamento verso il basso che annienta le capacità di comando, azzera la cultura dell'esempio, tanto quanto deprime l'anelito a salire, a costruire la propria esistenza, preambolo al proprio miglioramento.

Così come in amore si riesce a comprendere l'entità del proprio sentimento nella misura in cui ci si distacca dall'amato, nell'educazione una giusta distanza è fondamentale per individuare con chiarezza i gradini della scala della vita. Per molti, invece, l'esistenza è diventata una sorta di tapis-roulant dove tutti avanzano sullo stesso piano, senza distacchi né fatica. La vita come processo indolore, non come ascesa.

L'appiattimento produce rallentamento: non seleziona per capacità, accetta tutti in un obnubilamento egalitario familiare che premia i figli mediocri e sospetta di quelli talentuosi. L'emigrazione di un tempo si configurava come una sorta di selezione darwiniana tra chi ardiva e chi non ce la faceva, chi osava e chi rimaneva atterrito, chi aveva una buona coscienza di sé e chi temeva la propria ombra. Il mondo è cresciuto proprio grazie a chi non si è fermato, a chi ha intrapreso qualcosa che ancora non c'era. Oggi ci sono giovani che pensano, perché mal educati, che non ci sia più molto da scoprire o da inventare, se non piccoli dettagli tecnologici. Bisognerebbe insegnare loro che non tutto rientra nel già fatto e che ciò che abbiamo oggi è sempre poco rispetto a quello che potremo e potremmo avere. L'evoluzione umana non è rallentata perché sono aumentati i privilegi, anzi.

Molti anni fa, quando Le Corbusier – pietra miliare dell'architettura del Novecento – insegnava a Zurigo, un suo allievo ebbe a lamentarsi che non c'era più nulla da inventare, che tutto era già stato costruito; lui gli si rivolse, evidentemente irritato, intimandogli: «Imbecille, esca da quest'aula e vi ritorni solo quando avrà visto in cielo due nuvole identiche...».

Nel coraggio di separarsi dai propri figli e allievi c'è anche la motivazione rivoluzionaria dell'obbligo di costruire il nuovo, affinché le generazioni future pensino di dover essere migliori delle precedenti, nella consapevolezza che nulla di ciò che abbiamo conquistato può considerarsi acquisito per sempre.

I figli non sono meravigliose farfalle tropicali da tenere sotto una campana di vetro. Dovrebbero essere amati senza essere idolatrati: in ciò si sostanzia il coraggio di un genitore e di un maestro. Ogni educatore ha un grande nemico: la fretta di giudicare, attraverso il proprio allievo, se stesso. Oggi, molti genitori tendono ad ammirare i propri figli proprio perché attraverso di loro cercano la consolazione di non aver sbagliato troppo. Senza sapere che, così facendo, mettono piombo sulle loro ali.

Quando un giovane si allontana da casa, non lo fa per negare un affetto, ma per seguire l'istinto a perseguire il nuovo, a costruire altrove, sulle basi dei migliori insegnamenti ricevuti nella prima fase della vita. Un giovane che ricicla la vita dei genitori e dei nonni, come se sapesse usare solo il copia-incolla, non assolve al proprio primo e ineludibile dovere: migliorarsi, innovarsi, quindi staccarsi.

Quando chiedo a dei liceali che cosa significa innovazione, ricevo spesso risposte abbastanza prevedibili e banali. Ora, innovare implica il coraggio di allontanarsi, esattamente come una nuova rotta inizia quando si sciolgono le cime che tengono la barca attraccata al molo. Da quell'abbrivio comincia a mostrarsi la perizia del navigante, e quella rotta sarà comunque e sempre innovativa, perché non ci sono due nuvole uguali nel cielo né due onde identiche nel mare. Come conoscere la potenza propulsiva di un giovane se, con ricatti affettivi o limitazioni mentali, non gli si permette di avventurarsi nella vita?

Molti ragazzi mi dicono che la garanzia per una buona vita consiste in una congrua dose di fortuna. Non conosco chi suggerisce queste banalità, ma so che una visione fatalistica li renderà passivi. Non dico che la buona sorte non esista o che non abbia la sua importanza, ma vorrei ricordare a un giovane che la fortuna non dorme mai due volte sullo stesso letto: va assecondata con grande coraggio, ma soprattutto non si può vivere contando solo su di essa.

Il coraggio di dire di no

> Pensare con la propria testa, senza lasciarsi condizionare, è indice di coraggio.
>
> MAHATMA GANDHI

> Cos'è un ribelle? Un uomo che dice no!
>
> ALBERT CAMUS

Nella repubblica dei «like» – marginalmente modificata da una timida introduzione dei «dislike» – la ribellione è fondamentale.

Non parlo della forza bruta e iconoclastica che distrugge per il gusto di farlo. Parlo di quella capacità straordinaria che va insegnata ai più giovani perché decidano e facciano con la propria testa.

Oggi più che mai siamo ossessionati dal consenso.

Un tempo c'erano le mode, ma solo una minoranza le poteva seguire. I mezzi di comunicazione riuscivano a raggiungere soltanto un'élite. La democrazia ha concesso libertà di opinione e di scelta, e ancor più è riuscita a fare la tecnologia digitale. Siamo tutti connessi, ma il prezzo è salatissimo.

Scompaiono le individualità per lasciare posto a masse asservite. Questa volta i dittatori non devono mostrarsi alle parate, non indossano divise, sono occulti. Paradossalmente, tutti sono liberi di dire ciò che pensano, ma attraverso strumenti sempre più omologanti.

Un esempio. Se un giovane volesse vedere un film, mettiamo il primo di Bernardo Bertolucci, e scaricarlo da Internet, difficilmente lo troverebbe in un catalogo online, che è in genere una selezione di titoli ordinata per successo e incassi. E siccome ciò che in rete non c'è, semplicemente non esiste, quel giovane crescerebbe senza la possibilità di vedere quel film di Bertolucci perché non sa della sua esistenza.

Ricordo un amico che molti anni fa mi disse di essere rimasto letteralmente allibito nel vedere in vendita un disco con le hit di Mozart o di Bach: come si fa a riassumere l'opera di un genio in una scaletta di brani scelti? E poi, chi decide quali brani includere e quali no? Il mercato, i gusti della casa discografica?

Risultato? L'accesso alla cultura diventa una libertà limitata, condizionata non da chi ne usufruisce, ma da chi ci guadagna. Qualcuno potrà obiettare che è sempre stato così. La cultura dipende dai cataloghi, ma essi comportano la consapevolezza del limite, mentre la rete nutre l'illusione della completezza, dell'assoluto, e così facendo controlla il desiderio della ricerca dell'oltre, di ciò che non c'è ancora.

Eppure la libera scelta ha reso possibile il progresso. Essa si basa su talento, creatività e coraggio di manifestarla.

Un tempo a scuola si poteva essere cacciati dall'aula per un comportamento indisciplinato, che aveva messo in discussione, cioè, le regole dell'istituto. Per non pochi di quei ragazzacci o discoli, come venivano chiamati – una volta le ragazze erano più ligie al dovere e quasi mai redarguite in modo così clamoroso –, una simile punizione è stata occasione di presa di coscienza di un elemento di diversità, di un non allineamento che veniva sancito e sanzionato.

Voglio solo segnalare che, a volte, uno spirito libero ha bisogno di steccati da superare, di limiti da oltrepassare, anche a costo di venire punito. Essere indisciplinati non significa, necessariamente, odiare le regole, ma sentire dentro di sé la vocazione a fare di testa propria, seguire la propria indole. Il problema non è il ragazzo indisciplinato, ma l'educatore che lo giudica. Infatti, la cosa più difficile è capire perché quell'adolescente si rifiuta di seguirle: se per puro istinto oppositivo, oppure perché vi è una capacità critica che gli fa prefigurare un altro e diverso modo di apprendere. In ogni caso, si tratta di persone interessanti: il vero insegnante non dovrebbe seguire solo i primi della classe, ma anche gli ultimi, quelli che tendono a uscire dal gruppo.

Un po' come accadde ad Amadeus Mozart quando nel 1770 partecipò a un esame dell'Accademia Filarmonica di Bologna: solo l'acume di un precettore che era riuscito a vedere oltre gli sterili dettami accademici gli risparmiò un'ingloriosa bocciatura che avrebbe forse ostacolato la libertà di espressione di un genio assoluto.

In un atteggiamento ribelle spesso si nasconde un talento diversamente positivo, e il mestiere dell'educare – che accomuna genitori e insegnanti – dovrebbe consistere nello scoprire talenti, non nel creare futuri «yes men».

Le anime più prodigiose non sono quelle che si allineano, anzi il vero talento richiede un coraggioso scarto dalle regole: un ostinato cammino contro la corrente, contro le ovvietà, contro tutto ciò che è scontato.

Eccellere non significa vincere, ma ambire a essere unici, irripetibili.

Il coraggio di ricominciare

> L'uomo ragionevole adatta se stesso al mondo, quello irragionevole insiste nel cercare di adattare il mondo a se stesso. Così il progresso dipende dagli uomini irragionevoli.
>
> GEORGE BERNARD SHAW

> Ci vuole soltanto un istante perché un'impressione diventi una visione.
>
> BILL VIOLA

L'appuntamento è sotto l'ultima installazione, oltre seimila aquiloni appesi al soffitto dell'atrio di Palazzo Flangini, sul Canal Grande. Un'enorme nuvola che scende dai soffitti a cassettoni e invade lo spazio dell'ingresso fino all'acqua verdastra: forme circolari per lo più nero opaco e bianco latte di lato. Una forma sinistra e duale, ondeggiante all'aria che viene dal canale, profezia nefasta o «fine dell'utopia», come narra il titolo dell'opera?

La Biennale veneziana è stata inaugurata da qualche giorno, colonne di turisti come formichine, protette dalla pioggerella primaverile che rende la città ancor più ostica e misteriosa. L'umidità opaca esalta il silenzio delle calli che fuggono le folle inerti dei visitatori.

Incontro Jacob Hashimoto dopo molto tempo. L'avevo conosciuto più di vent'anni fa in quella straordinaria fucina di giovani talenti di ogni parte del mondo che è «Studio La città», galleria veronese fondata nel 1969 da Hélène de Franchis. Me lo aveva presentato lei stessa, orgogliosa di aver individuato l'ennesimo giovane talentuoso da inserire nel suo parterre di artisti che segue, ama e cura come figli.

Jacob, perfetto ibrido tra cultura giapponese e americana, innesto virtuoso che prende e dà forma alla sua arte: la tecnica antica degli aquiloni ripetuta ossessivamente migliaia di volte a formare complessi e mirabolanti assembramenti di colori e trasparenze.

A quel primo incontro ne sono seguiti altri alla Biennale, all'Art Fiera di Bologna, al Macro a Roma. Ho inseguito la sua maturazione, godendo del progressivo successo internazionale che, però, non ha intaccato il suo modo di essere, sorridente, gentile, curioso, scevro delle sovrastrutture intellettualistiche e dei narcisismi che hanno deteriorato il talento di molti giovani artisti della sua generazione.

Ciò che mi ha affascinato del suo lavoro è il senso dello spazio, inteso non come superficie o volume, ma come una potenzialità enorme e dilatata da riempire di sé. Ho sempre visto in lui una particolare abnegazione, il coraggio di affrontare luoghi immensi senza esserne soverchiato: di lui ho intuito una particolare capacità di resistenza all'annichilimento. Per questo ho cercato un'occasione per parlare di quella sua dote interiore, e non poteva che essere di fronte allo stupore di una sua realizzazione.

«Vorrei partire dalla tua esperienza personale. Quando hai pensato di voler essere un artista? Era un'idea coraggiosa? Raccontami l'inizio. Quando e come è successo?»

«Credo che l'arte mi sia piaciuta fin da quando ero un ragazzo, ma non pensavo di diventare un artista, perché non mi sembrava una cosa pratica. Da giovane sentivo che sarei diventato un accademico, anche perché in famiglia sono tutti accademici. Mio padre è un professore di inglese, mia sorella ha un dottorato in lingua e letteratura giapponese del XVIII secolo, mia madre è un'assistente sociale, ma ha lavorato all'università. Perciò vengono tutti da quella cultura.»

«Se pensavi anche tu di seguire le orme della tua famiglia, l'arte ti sarà sembrata una deviazione difficile...»

«In qualche modo sì, pensavo che diventare artista sarebbe stato un atto di codardia piuttosto che di coraggio. In quel momento ho fatto cose seguendo il mio intuito, attraverso il mio corpo, in contrasto con la mia mente. Parlavo con mio padre e pensavo che quello che stavo facendo non era molto interessante per me, e nemmeno molto difficile. Lui mi diceva di fare attenzione perché quello che stavo facendo per molti era difficile, invece per me era divertente. Così sentivo che fare arte era per me solo divertimento. C'è voluta molta pressione da parte dei miei professori per convincermi che non ero sulla buona strada, ma ciò mi ha permesso di tornare indietro e di entrare in questo mondo da un'altra porta, di avvicinare l'accademia da una prospettiva diversa.»

«Cioè, hai dovuto capire che l'arte non poteva essere solo una cosa divertente, ma una professione. Come è proseguito il tuo percorso, non ne avevi paura?»

«Non esattamente. La cosa speciale di essere un artista è che, una volta iniziato il cammino, ottieni sempre di più, ogni giorno ti senti migliore e ancora di più: martedì sei più bravo di lunedì e mercoledì sarai ancora migliore, e giovedì più ancora e così via, forse fino a domenica e alla domenica successiva. Poi gli intervalli tra le tappe del miglioramento si allargano, possono diventare anni. Ma agli inizi è come una droga, è incredibilmente coinvolgente, ottieni tutta questa soddisfazione personale e ti senti bene con te stesso. Non tutto è eroico o coraggioso. Il coraggio penso sia importante averlo in seguito, perché quando hai raggiunto un certo livello di padronanza, ti guardi intorno e vedi gli altri artisti, gente che ha lavorato sodo ed è andata meglio ancora di te, e pensi a come emularli, allora ti serve coraggio. In quel momento senti di avere l'abilità di esprimerti in ogni modo, è lì che devi decidere cosa vuoi dire. Quindi ci vuole valore e ci vuole coraggio, ma anche capacità di comprendere quello in cui sei bravo e dove sono i tuoi punti deboli. Penso che sia necessario essere vulnerabili in pubblico. Mettersi nella condizione di fallire pubblicamente è importante per fare buone opere d'arte, che parlino alle persone. Il riuscirci penso dipenda da un senso di potenziale fallimento: devi assumere la responsabilità delle decisioni che prendi. Questo ti dà molto più coraggio di quando sei uno studente o un giovane artista, perché quando non lo sei ancora e nessuno si aspetta che tu sia bravo, sei tu che hai sempre più aspettative con te stesso. Quando mi presento in una mostra c'è molta pressione perché ho i miei galleristi, i miei collezionisti, i miei dipendenti, e tutti stanno spingendo per rendere la mia opera sorprendente. Ma sono io il responsabile delle decisioni per la forma della scultura, per i colori, per i modelli, per il contenuto. Di queste cose è mia la responsabilità. E molte persone sperano che siano buone decisioni. E poi ci sono anch'io, che spero di fare cose che funzionino, che parlino alle e con le persone. Ma per farlo devo essere anche un po' sconsiderato... devo fare un po' come quando sono partito, che non sapevo davvero cosa stavo facendo.»

Jacob si mette le mani in faccia, quasi si vergognasse di qualcosa, ma poi allarga il suo viso orientale e sorride.

«Pensi di aver bisogno di coraggio per resistere al sistema artistico?»

«Sì, penso che sia necessario. Penso che Lee Bontecou sia un esempio interessante di artista coraggiosa: negli anni Sessanta e Settanta era all'apice della fama, quando improvvisamente decise di smettere e si allontanò dalla scena per trent'anni. Poi è tornata, con una grande retrospettiva di tutto il proprio lavoro... fantastica.»

«Ricordo la sua opera, una donna straordinaria...»

«Lee Bontecou è un'artista stupefacente, ma era come se non volesse più continuare a esserlo. E penso che questo sia un segno di coraggio, perché dietro un artista, oggi, c'è un meccanismo finanziario e sociale che cerca davvero di spingerti a bloccare la tua creatività, per farti fare le cose che l'istituzione e il mercato vogliono da te. Quindi, appena cominci a sfidare il mercato, realizzando opere non vendibili, ma impegnative, e non accetti di partecipare alle regole dell'economia dell'arte, come ha fatto Lee Bontecou, ti accorgi di quanto sia difficile mantenere questa posizione in una società capitalistica dove tutti ti dicono quanto tu sia fortunato a poterti dedicare alla tua opera così speciale. C'è chi ti incoraggia, ma quando tu sfidi quelle regole e dici che vuoi inseguire i tuoi sogni stando a casa a coltivar cipolle e producendo cose che non vuoi far vedere, allora ci vuole coraggio, un tipo di coraggio che poche persone hanno. Philip Guston è un altro di questi uomini, uno dei pittori astratti americani più radicali del dopoguerra, insieme a De Kooning, Rothko e Franz Kline. Anche lui si è fermato ed è scomparso per due o tre anni, poi è tornato a far dipinti quasi figurativi che tutti odiavano. Eppure lui ha continuato, fermo sull'idea di star dipingendo i migliori quadri che potesse fare. E alla fine la storia gli ha dato ragione. Riferendosi alle opere precedenti, tanta gente dice però: "Wow, erano così coraggiose, erano molto meglio dei quadri che ha fatto dopo". Io dico, invece, che non ci pensi nemmeno quando guardi le sue opere successive, ma pensi al lavoro che Philip ha fatto dopo quella pausa, al modo con cui ha modellato il linguaggio della pittura contemporanea attraverso quel secondo corpo di opere: è incredibile. Il coraggio è quindi un atto sconsiderato, sconsiderato come lui che dice "non voglio più fare la cosa di prima, farò quest'altra cosa. La farò". Penso che gli ci sia voluta un'enorme quantità di coraggio. Anche i miei amici e colleghi pensano a questa decisione come a una sorta di modello per quello che dobbiamo cercare, perché a volte sentiamo molta più pressione per dare alla gente ciò che vuole e non per continuare spingendo più in là i nostri confini personali. È un equilibrio difficile. Sto sempre lavorando a qualche progetto che so già che non avrà successo sul mercato o nelle mostre, ma lo faccio perché penso che sia importante per me commettere errori per "andare sempre in difficoltà". Mi metto nei guai perché le mie idee sono troppo grandi, troppo complicate, fanno affidamento su tecnologie non ancora inventate. Ma lo fai comunque, prosegui su questa strada perché sai che lì troverai le soluzioni e anche se non le trovi troverai qualcos'altro che potrebbe essere interessante guardando ad altri possibili corpi di opere.»

«Nella tua esperienza, credi che serva più coraggio per rinunciare o per andare avanti?»

«Questa è una bella domanda. Sì, ci vuole più coraggio per rinunciare. Certamente, perché devi vincere la paura di scoprire che una cosa ti potrà rovinare, la perdita di accesso alla tua creatività più sconsiderata. Credo che se fossi stato più coraggioso, avrei lasciato.»

«Qualche settimana fa, durante una chiacchierata che ho avuto con Sylvie Guillem, leggendaria étoile dell'Opéra di Parigi, abbiamo parlato della sua decisione di smettere. Mi ha detto: "Quando le aspettative degli spettatori su di me crescono e s'incrociano con le mie su me stessa, quello è il momento perfetto per smettere, ma ci vuole coraggio". Lo pensi anche tu?»

«Credo che sia esattamente quello che cerco di dirti. Se fossi coraggioso, avrei smesso di fare quello che sto facendo. E, probabilmente, avrei avuto più tempo per me stesso, perché penso che non smetterei di fare il lavoro di artista. Credo di essere sceso, in qualche modo, a dei compromessi per paura, piuttosto che per convinzione personale. Paura di non poter più partecipare, di essere fuorigioco, di perdere le opportunità. E la scommessa più coraggiosa sarebbe riuscire a prendere decisioni che ti nuocciono professionalmente e finanziariamente, che ti feriscono e ti danneggiano, escludendoti dalla più ampia "conversazione" artistica. Ti siedi a casa e non ti senti infastidito dal fatto che non ti arriva niente da fare. Io sono in una posizione privilegiata. Ho lavorato per molto tempo e posso fare queste grandi mostre, e molte persone vengono a vederle. Ho un pubblico, quindi anche la paura di perderlo è un motivo per continuare. La maggior parte di noi, che è andata alla scuola d'arte, sa che il novantanove per cento di chi l'ha frequentata non lavorerà nel mondo dell'arte. Se avessi conosciuto queste percentuali quando ho cominciato, probabilmente non sarei stato tanto coraggioso da proseguire lo stesso, perché la probabilità di una carriera che duri più di tre anni è molto piccola. Quindi, sì, penso che la mossa più coraggiosa sarebbe forse smettere e abbandonare quello che ho per ricominciare daccapo.»

«Ricordo che David Bowie una volta disse: "Non bisogna mai suonare per il pubblico". Sei d'accordo anche con queste parole?»

«Sono d'accordo, ma non sono sicuro che David Bowie non abbia mai suonato per il suo pubblico. È come quando Joseph Kosuth afferma che la bellezza non importa. La bellezza distrae dal concetto di arte concettuale, però significa creare oggetti incredibilmente belli. Il modo in cui un artista come David Bowie ha suonato e ha eseguito la sua musica è un dialogo veramente fisico con il pubblico. Forse con quella frase voleva esprimere la sua capacità di divorziare da quel tipo di relazione simbiotica. Lui vuol dire che suona "con" il pubblico e non "per" il pubblico. Sinead O'Connor ha detto la stessa cosa: "Scrivo musica per me stessa, solo per me stessa". Ma io non credo neanche a questo: musica e arte sono linguaggi e hanno senso perché esiste un accordo su un certo tipo di significato da attribuire a una certa cosa. Quando fai opere d'arte, devi riconoscere il tuo pubblico, perché l'arte vive attraverso il suo rapporto con il mondo. E quindi, se ciò che fai è completamente sigillato nella tua esperienza e questa esperienza l'hai distillata fino al punto che nessun altro può capirla, che senso può avere? Si tratta di una posizione estrema che non condivido: questo distillato dell'esperienza di una sola persona deve parlare a un grande pubblico. Hai presente quando si dice che "il soffio del mondo è il respiro dell'individuo"? È proprio il genere di arte che facciamo per noi stessi e il modo in cui la facciamo che ci permetteranno di parlare a un gruppo più grande di persone. È come quando ti siedi in una stanza, sei isolato da tutti e stai realizzando un lavoro per te stesso: quel lavoro è tutto dentro di te, ma il tuo isolamento è un atto di partecipazione a una società più grande, perché è strettamente legato al mondo. Altrimenti, tutti saremmo sempre soli o sempre insieme, e allora l'azione sarebbe priva di significato. Mentre quell'idea di eremita è significativa in quanto la persona che si allontana è parte della società che esiste, comunque, fuori da lui. Ed è un riconoscimento pubblico anche per l'eremita, che sceglie di vivere da solo.»

«Se guardi lo scenario internazionale, pensi ancora che il coraggio sia parte della creatività? Non parlo solo della tua esperienza. Siamo alla Biennale, una scena mondiale: ti guardi intorno e cosa vedi? Creatività coraggiosa?»

«È una domanda interessante. Vedo coraggio e creatività.»

«O, viceversa, la creatività è, in un certo senso, serva del mercato, risponde alle sue regole? Oppure vedi ancora molti artisti che producono con coraggio e poi sono in grado di permettersi il mercato? Dopotutto, il mercato non è una parola negativa...»

«È una domanda difficile. Perché il mercato è sempre esistito.»

«Credo che lo stesso valga per uno scrittore nel rapporto con il suo editore. Ovviamente, l'editore vuole che scriviamo un certo tipo di libro. La domanda è: ho bisogno della mia creazione e ho bisogno di difendere la mia creazione, oppure posso accettare le regole del mercato e scrivere comunque qualcosa di diverso? Penso che lo stesso valga per gli artisti, non siamo poi così diversi.»

«Sì, non siamo così diversi. Penso che nel mio mondo ci sia decisamente coraggio. Ma non si tratta di qualcosa di puro, nessuno è soltanto coraggioso: ci sono momenti di coraggio e decisioni coraggiose in qualsiasi cosa fai. Devi aver fiducia nella tua esperienza. Bisogna aver fede nella correttezza del percorso. Spesso la gente non lo vede se non alla fine e può cercare di persuaderti, specialmente se il processo è lungo come scrivere un libro o realizzare un'opera d'arte. Ci sono tante piccole scelte da fare lungo la strada e molte richiedono coraggio. Se stai prendendo una decisione su un tuo libro, se non ti piacciono il tuo editore o il tuo editor, ma tu insisti, questo potrebbe compromettere il tuo modo di trattare l'argomento. A volte, se si sta lavorando a un tema che corre sul filo del rasoio e potrebbe andare in entrambe le direzioni, il cammino può essere pericoloso: allora le decisioni le puoi prendere solo tu perché, per la mia esperienza, curatori e altre persone possono non essere preparati a farlo, a loro non è richiesto di essere coraggiosi, sono generalisti, cercano di riportarti al centro. Ma non è lì che tu avrai successo. Penso sempre ai giovani, intendo quelli dai 18 ai 25 anni. Vediamo le grandi opere d'arte che a volte realizzano come frutto di una brillantezza "bianca". Hanno un tipo di coraggio, una sorta di audacia che il resto di noi cerca continuamente di recuperare. Perché non hanno nulla da perdere e tutto quello che devono guadagnare per essere coraggiosi è esistere: essere coraggiosi è andare quel giorno nello studio, è dire a una cena di essere artisti. Questi sono atti di coraggio quando hai 23 anni. I giovani non credono che le regole dei maestri o dei genitori siano un gioco giusto per loro. Fanno cose che non sanno fare – talvolta meglio di persone che hanno passato una vita a cercare di farle – solo perché non se ne preoccupano. Mi chiedo sempre se sia coraggio o soltanto ignoranza. Il loro cuore è il loro coraggio. Lo vedi nella musica rock, lo vedi in David Bowie. La maggior parte del suo lavoro veramente buono l'ha fatta quando era più giovane, come del resto quasi tutti gli artisti pop che poi lo hanno affinato negli anni Sessanta, Settanta e Ottanta. Ma hanno avuto bisogno di "rompere" da giovani, hanno affrontato coraggiosamente quel momento cui poi tornano quando sono disperati. Ricordo quando ho cominciato a fare il mio primo lavoro maturo, ricordo quanto fosse difficile, quanto mi sentissi solo, quanto avvertissi che ero soltanto io a credere in quello che facevo. Nessuno capiva il problema al quale stavo lavorando, a nessuno interessava se lo risolvevo o no. Ma una volta che hai superato il primo livello, ecco che molte persone si interessano a te, che stai già lavorando per superare il secondo. Però è il primo che è difficile, davvero difficile. Quindi l'idea di spogliarti, a metà della tua carriera di artista, di tutto quel successo che hai avuto per tornare nella situazione di quando avevi 22-23 anni, solo, vuoto, senza alcuna possibilità di guadagnare o fare qualcosa nel mondo dell'arte, è davvero coraggiosa perché è un mistero come arrivi nella mente e non sto parlando di artisti qualsiasi. Eliminare tutte le cose per cui sei conosciuto, tutti gli strumenti che hai, non usarli più e ricominciare daccapo richiede un coraggio incredibile. E siccome penso che sia troppo difficile creare dal nulla, credo che siano poche le persone in grado di farlo, ma sarebbe un gesto incredibilmente coraggioso. Ed è per questo che Philip Guston mi piace molto: non ha buttato via tutto, ma un ottanta per cento, e ha puntato su una dimensione altra che non era di moda e alla quale nessuno era interessato.

Così ha preso una decisione veramente dura. E ci è riuscito, alla fine. Ma il numero di persone che hanno fallito cercando di fare quello che ha fatto lui è enorme. Non so, ho molta paura, non mi sento supercoraggioso. Quando inizio a installare i miei pezzi, provo sempre l'odio e l'ansia della partenza ma, una volta cominciato, sto bene. È come quando stai facendo un quadro. A volte tracci una X sulla tela, prendi la vernice nera e vai... *whoosh*... solo per avere qualcosa davanti a te. Perché se cerchi di essere perfetto, di fare qualcosa di bello o significativo fin dall'inizio, ti trovi con troppa pressione addosso. Devi ammettere l'errore, accettare la tua ignoranza. A volte, devi solo iniziare. Ho bisogno di ottenere tre pezzi e poi, ecco, ho iniziato, posso tornare a casa. Non devo più preoccuparmi di cominciare, è fatta. Da quel momento ho a che fare soltanto con la realtà, mentre prima era ancora immaginazione. E l'immaginazione è più spaventosa della realtà. Fare quel primo segno è veramente duro. È sempre duro.»

«Posso chiederti di descrivermi un'immagine di un momento particolare della tua vita in cui ti sei sentito coraggioso, un'illustrazione del tuo coraggio? Una libera associazione tra il coraggio e la tua vita?»

«Quando sono uscito dalla scuola d'arte ho deciso di dar via tutta l'opera che avevo fatto. Sono venuti degli amici e hanno scambiato le mie cose con qualche birra, hanno preso e portato via tutto. E io sono rimasto con l'idea che avrei costruito mille di questi piccoli aquiloni e che ci avrei fatto una scultura, all'aperto. Non sapevo come. Ogni sera tornavo a casa e costruivo cinquanta aquiloni. Ma non sapevo come mettere insieme tutta la scultura, stavo ancora costruendo e non avevo l'idea: c'erano pile e pile di oggetti sconnessi, però ero sicuro che, se avessi spinto il processo fino in fondo, la risposta sarebbe venuta da sola. Mi ci è voluto oltre un anno per costruire questa scultura. Ricordo che ero più o meno a metà strada, avevo circa 675 pezzi, non sapevo ancora come assemblarli e avevo lavorato sei-sette mesi. Il momento in cui ho continuato ad andare avanti e non mi sono fermato è stato davvero importante per me. Un momento di coraggio, direi, perché non c'era alcun tipo di percorso chiaro e non avevo altri progetti. Non stavo facendo nient'altro. Stavo facendo un'unica cosa. E quell'unica cosa mi sembrava che non avrebbe potuto fallire. All'epoca sentivo che avevo così tanto tempo da investire e questo ha influenzato la mia vita personale. Tutto si è giocato in quella decisione. Mi ricordo che ero solo. La mia ragazza mi aveva abbandonato e tutti i miei amici avevano lasciato la città. Lavoravo tutto il giorno, dalle 7.30 alle 21.45. Poi andavo sotto casa a comprare una birra e rientravo. C'era una chiesa cattolica di fronte a casa mia...»

«Dove accadeva tutto questo?»

«A Chicago. Abitavo all'ultimo piano. Mi sedevo sui gradini del sagrato a bere la birra e a guardare le finestre del mio appartamento. Ho iniziato a costruire i primi aquiloni partendo dalla stanza che dava sulla strada. Tornando a casa, mi sedevo e guardavo l'installazione: una scultura che dal cielo "cresceva" verso l'interno della casa. Mi sembrava che quelle nuvole stessero a poco a poco occupando tutti i miei spazi; quasi non potevo più entrare nell'appartamento e restavo fuori dalla porta. Così ne potevo vedere solo una parte dai gradini della chiesa, dall'altro lato della strada. Bevevo la mia birra e parlavo con me stesso. Ho passato quell'anno così. Mi sembrava una cosa piuttosto coraggiosa, mi sentivo come se mi fossi messo davvero in una posizione in cui o avrei avuto successo o avrei fallito. Avrei anche potuto perdere un anno o due della mia vita in questo progetto pur di ottenere qualcosa, ma sentivo che era importante che combattessi con tutte queste difficoltà. Non avrei voluto una soluzione anticipata, perché penso che sia stato fondamentale imparare a farlo come artista, cioè superare il problema di non avere un'idea veramente chiara di come risolvere la situazione e andare avanti da solo nel deserto. Penso che sia qualcosa che s'impara facendo, ma non è facile. Artisticamente, credo che sia forse la cosa più coraggiosa che ho fatto. Nella mia vita, credo di essere molto meno coraggioso di quanto lo sono stato in quel mio studio di Chicago. Lì mi allenavo. È stato molto terapeutico. La maggior parte degli artisti che conosco usa la pratica come terapia. Puoi allenarti, gestire l'esperienza: lavori in un ambiente controllato e devi fare esercizi difficili, impegnativi, che forzano e superano i tuoi limiti, e poi esci e dici: "È questo tutto quello che sono". E speri che ti sia riconosciuto.»

Il coraggio di indignarsi

La speranza ha due bellissimi figli: lo sdegno e il coraggio. Lo sdegno per la realtà delle cose e il coraggio per cambiarle.

SANT'AGOSTINO

Nell'atto di vivere, come in quello di educare, il coraggio si rafforza anche con la ricerca di parole ed emozioni inconsuete, inusuali. Una di queste è l'indignazione, spesso prodromo del cambiamento.

Non mi riferisco all'odierna accezione che ha involgarito un vocabolo altrimenti sacro. Indignarsi sembra diventato sinonimo di insultare, screditare. Tutto passa attraverso i social network e ciò ha incrementato la liceità della volgarità.

L'aspetto più curioso dell'indignazione digitale è che di norma si agisce più nei confronti delle persone che delle idee. Ma questo tipo di indignazione non produce cambiamento, è sterile. La bellezza e la sacralità contenute in tale parola dipendono, invece, dalla forza critica che è necessaria per farla propria. L'indignazione è movimento, non staticità; è «moto contro», dunque fatica.

Si potrebbe pensare che chiunque possa indignarsi, invece non è così. Occorrono conoscenza, profondità, sapere. È necessario possedere una visione opposta a ciò che s'intende criticare, non ci si può limitare a sparare nel mucchio.

L'indignazione è un grimaldello feroce, un'arma letale proprio in quanto nasce da un pensiero oppositivo, da una ponderazione speciale, da una valutazione analitica di ciò che si intende criticare. Non è un bazooka, ma un fioretto acuminato e stupefacente. Per indignarsi ci vuole coraggio.

Educare significa preparare le giovani generazioni a esercitare il proprio diritto allo sdegno, perno di cambiamento e di libertà. Per arrivare a conquistare questa capacità, sono necessarie crescita e maturazione della stima di sé.

Per questa ragione l'arte dello sdegno deriva e si rinnova non già nell'invettiva, ma in una critica sagace e ragionata della realtà.

Oggi l'esercizio dell'indignazione s'infrange contro la tendenza a semplificare il processo di costruzione del pensiero e a tradurlo in atto.

Siamo portati a leggere meno e in maniera sempre più intermittente, quindi la formazione culturale e la conoscenza della realtà non possono che realizzarsi in forme e con modalità contraddittorie, superficiali, non verificate né verificabili. Come ci si può indignare di ciò che non si conosce in modo approfondito? Come può lo sdegno nascere da conoscenze impressionistiche e approssimative?

La «vulgata» contemporanea tende a rimuovere la necessità della critica proprio nella misura in cui tende a generalizzarla: se tutti possono e devono criticare tutto, nulla potrà mai cambiare. Gli strali dell'indignazione richiedono invece una direzione definita, un obiettivo preciso.

La costruzione di una bussola per orientare lo sguardo verso ciò che non si approva è fatica individuale, non collettiva. Per questa ragione molti, soprattutto giovani, si sentono attratti e sedotti dall'idea che criticare genericamente sia vantaggioso rispetto all'onere di comprendere ciò che si vorrebbe trasformare, cambiare, sovvertire.

Senza capacità di analisi critica, senza una pragmatica dell'indignazione, senza sdegno, ma soprattutto senza il coraggio di cui parla sant'Agostino, non ci potrà essere ricambio, quindi non si potrà avvertire il bisogno audace di mutare una determinata realtà.

Onnipotenza e presunzione da una parte, umiltà dall'altra. Conservazione *versus* cambiamento, stasi *versus* moto. Qui risiede la scommessa, tra questi poli opposti ci si misura.

La realtà senza indignazione è statica, bloccata, paludosa, ipocritamente placata. Il sentimento di onnipotenza, di cui buona parte della nostra cultura sembra essersi innamorata, è frutto dell'illusione che il cammino dell'uomo abbia raggiunto la maggior parte dei suoi obiettivi. L'essenziale, per molti, è già nelle nostre mani.

La contemporaneità fa intravedere qualche squarcio di futuro, dall'aspetto molto simile al presente, anzi è il prolungamento del nostro attuale privilegio.

Oggi il futuro nasce dalla consacrazione del presente, non dalla sua critica. L'esercizio della disapprovazione diventa, in questo quadro inutile provocazione, irritante attività muscolare.

Il ritenere come soltanto l'essere disposti ad accettare ciò che c'è consenta di pensare a ciò che potrà essere è un miope baratto fondato su un immobilismo ideale che esalta chi accetta lo status quo, l'ordine acquietato delle cose.

Potrà sembrare un paradosso, visto il turbinio della comunicazione volteggiante nel nostro mondo: una nuvola di parole, seduzioni, insulti, condanne, quasi una nebbia che impedisce la visuale, la prospettiva, la costruzione del sogno.

La potenza passionale che sposta le montagne rischia così di arenarsi sulla spiaggia del consumismo fine a se stesso, debilitata dall'orgia comunicativa, dissanguata dalla chimera di privilegi promessi. Forse qualcuno si è illuso che non esistano motivi per cambiare, né vi siano grandi ostacoli al nostro vivere: questo sussulto di onnipotenza adombra ogni umano necessario senso di umiltà.

Eppure, la consapevolezza dei nostri limiti è necessaria proprio per poterli superare. Come potrebbe un saltatore ambire a migliorarsi se la caduta dell'asticella al suo ultimo salto non avesse mostrato il limite di quel momento? Se invece quel saltatore si sentisse appagato e rinunciasse a riprovarci, non esisterebbe l'ambizione a superare il nuovo ostacolo e, con essa, sparirebbe l'idea stessa di progresso.

Stiamo diventando conservatori?

Alcuni immunologi sostengono che la maggior parte del nostro materiale genetico è predisposto alla conservazione e solo una piccolissima componente è addetta al cambiamento, all'innovazione.

In questo caso, conservazione significa difesa, visto che il nostro organismo ha, nei confronti dell'ambiente, un rapporto di avversione: tutto, fuori di noi, è da milioni di anni potenzialmente ostile. La costruzione e il perfezionamento del sistema anticorpale sono alla base della sopravvivenza dell'essere umano.

Non potrebbe essere che così. L'organismo deve innanzitutto difendere se stesso dall'aggressore, per poi sperimentare e adattarsi a qualcosa di nuovo: la parte dedita all'innovazione non può quindi essere che quantitativamente limitata rispetto alla componente arcaica preposta alla difesa, ma comunque c'è ed è fondamentale.

Metaforicamente, l'immunologia mostra che conservazione e innovazione devono funzionalmente coesistere.

Nella storia dell'uomo, la creatività innovativa – stimolata anche da fame e sofferenze – ha consentito di trasformare il destino da pura sopravvivenza a invenzione e progresso.

«Le difficoltà rafforzano la mente, come la fatica rafforza il corpo» diceva Seneca. Abolendo difficoltà e fatica, si umilia l'essenza più sublime dell'umanità, ovvero il coraggio di innovare.

La necessità di cambiamento è direttamente proporzionale al pericolo percepito. Una regola che, però, vale anche al contrario: nel benessere si riesce a cogliere meno l'urgenza di cambiare e di innovare. Il decremento delle facoltà cerebrali dipende innanzitutto dalla quantità delle scelte che l'individuo ha a disposizione. Quanto meno l'uomo percepisce di dover modificare qualcosa della sua vita, tanto più rapidamente il suo intelletto corre il rischio di obnubilarsi. Non è una questione anagrafica: ci sono novantenni ancora capaci di indignarsi, così come molti giovani adattati a un immobilismo ideativo e creativo.

E siccome il coraggio cresce soltanto in relazione al cambiamento, diventa evidente che nei periodi di sazietà l'uomo rischia di smettere di essere coraggioso, dissipando la necessità di criticare e di indignarsi.

L'indisponibilità culturale al cambiamento è il prodotto finale dell'educazione alla conservazione. Ci si abitua a tutto, anche a vivere in un inferno. Ci sono coppie che litigano da mezzo secolo, ma non hanno mai pensato di separarsi. Anche i sentimenti più degradanti – come l'odio, la sfiducia reciproca, la totale disillusione e mancanza di stima – possono far parte di un'esistenza senza portarla alla coscienza della necessità del cambiamento.

Spesso, nel mio lavoro di psicoterapeuta, mi capita di chiedere a un paziente, dopo aver ascoltato la lunga descrizione di ciò che non funziona nella sua vita, che cosa cambierebbe. La risposta è spesso drammatica: niente.

Sono più numerose le persone che si adattano al male cronico dell'infelicità di quelle che lo vogliono combattere e sono disposte a cambiare qualsiasi cosa pur di vivere meglio.

La tecnologia, la scienza e l'economia hanno condotto l'uomo ad accontentarsi di ciò che ha conseguito, a pensare che l'innovazione potrà essere delegata a macchine, robot, intelligenza artificiale. Solo che le macchine non conosceranno mai il significato della ribellione. Le macchine eseguono, non criticano se stesse. Non conoscono direttamente la sofferenza, la assumono dalla quotidianità. L'eroica classe operaia sta per essere relegata a realtà museale, il contemporaneo accetta solo ciò che non conosce la dimensione della fatica.

«La rinascita oggi dipende dal nostro coraggio e dalla nostra volontà di chiaroveggenza» ha detto Albert Camus in una conferenza tenuta nel 1957 all'Università svedese di Uppsala.

Credo – e lo sento affermare dalle persone che incontro – che vi sia un gran bisogno di nuovo, che coniughi la resilienza con la volontà di criticare il linguaggio comune con il quale comunichiamo. La chiaroveggenza di cui parla Camus sembra coincidere con la capacità di prefigurare il futuro, di pensarlo criticamente, di sfidare e svelare le potenzialità di una visione. Prevedere significa, innanzitutto, liberarsi da dogmi ideologici vecchi e nuovi. E, tra le insidie contemporanee, le tecnologie digitali occupano un posto rilevante.

L'ho già affermato in un mio libro recente, *Baciami senza rete*: osservare ciò che la digitalizzazione imperante impone non significa affatto sposare un atteggiamento antimodernista, ma servirsi di ciò che la tecnica ci offre di buono, rifiutando ciò che non ci convince o ci imbarazza.

Anche in questo occorre coraggio. Andare controcorrente non deve diventare una moda, né una stereotipia, tantomeno – parafrasando Leonardo Sciascia – una «professione». Significa agire con la massima libertà possibile: quella di dire di no, di esimerci dal cantare in coro, di sfilarci dal fracasso assordante del consenso.

L'esercizio della critica non è mai per sempre, non risponde a ordini morali preconfezionati, non ama il dogma di partito o di religione. La ribellione non può mai essere cronicizzata, quanto invece lo è il disagio che si vorrebbe cambiare. Guidare lungo una strada delimitata da paracarri è più facile che scegliere una pista in un deserto, ma è più banale e meno foriero di cambiamenti. L'innovazione non la fanno le macchine, ma gli spiriti liberi e intraprendenti. L'innovazione, come il cambiamento, non possiede sbocchi certi, è una sinfonia con molte varianti.

È più difficile oggi essere liberi? Non saprei, non ho combattuto contro eserciti invasori, non ho vissuto sotto una dittatura come la generazione dei nostri padri. So però che oggi ci vuole molto coraggio a pensare con la propria testa, ma ancora di più a cambiare ciò che abbiamo costruito.

Bisogna avere talmente rispetto per la libertà da temerla quando viene regalata.

«*Timeo Danaos et dona ferentes*» scrive Virgilio nell'*Eneide*. A volte bisogna temere anche chi porta un dono, non per rimarcare diffidenze, non per accrescere paure nei confronti dell'altro, ma per ricordare come più importante ciò che si fa rispetto a quanto si riceve in cambio, soprattutto se non lo si è meritato. E il mondo odierno ci sta abituando a ritenere l'esistere come un compito che non esige meriti, ma come un obolo partorito dai recenti privilegi. Il problema è che dentro quel dono si può celare un tranello, una fuorviante seduzione: accettandolo acriticamente, non ci si accorge che si tratta di un baratto a un prezzo che non tutti sono in grado di vedere. A volte significa comodità in cambio di perdita di libertà. Tutto sembra legittimato dall'esigenza di lottare contro ogni forma di dolore e frustrazione:

una visione che si basa sull'idea di sovvertire quella che è stata la vita delle generazioni precedenti. Siccome un tempo si viveva di fatica e di dolore, qualcuno è portato a ritenere che privilegio e contemporaneità debbano fondarsi sull'estinzione dei due connotati del passato.

Mi scrive Alessandro:

> Ho 19 anni e credo che lei sappia che noi ragazzi andiamo avanti per frasi fatte e citazioni di cui spesso non conosciamo nemmeno il significato, però attribuiamo a esse un'interpretazione tutta nostra. Ho aperto la sua pagina web e la prima che ho letto riguardava i social e il fatto che non dobbiamo copiare le idee degli altri; sono d'accordo, ma allo stesso tempo vorrei dire che non è semplice perché serve coraggio per scrivere quello che abbiamo dentro. Molti dei miei coetanei hanno paura di esprimersi perché si sentono giudicati fin da piccoli e con il crescere la paura del giudizio diventa assenza di idee perché, quando ti accorgi che nessuno vuole veramente ascoltarti, ti chiudi e smetti di pensare. Siamo una generazione schiava dei «like», dominati dai social. La strada più facile è questa, smettere di essere ciò che sei e diventare una copia, ti devi per forza omologare. Ho deciso di togliermi da Facebook, non mi interessava più stare su un social utile solo per farsi i fatti degli altri, ma non le nego che ho Instagram e pubblico foto, e delle volte metto citazioni non mie, ma che un po' mi simboleggiano. È una situazione triste. Il vero problema si chiama libertà e non c'è niente di più difficile per noi giovani che viverla pienamente, anche se non tutti se ne accorgono...

Si chiama dialettica. Un tempo era venerata e insegnata come un'arte. Oggi sta diventando un esercizio in disuso. Confrontare idee è stato pane quotidiano per la mia generazione. Crescevo guardando i miei cari conversare, i miei eroi indignarsi, i miei maestri confrontarsi, litigare, contrapporsi con una passione che oggi fatico a ritrovare. Lo sdegno per le ingiustizie è stato il cibo con cui sono cresciuto. Ai giorni nostri nella *pax familiaris* tutti vanno d'accordo solo perché conviene, il silenzio della rassegnazione è a buon mercato, non costa nulla a confronto con il sudore del conflitto ideale.

Ricordo le notti trascorse nella mia gioventù ad ascoltare dibattiti infiniti, ne ero affascinato: imparavo l'importanza della parola, l'arte di argomentare un punto di vista, la capacità e l'orgoglio nel difendere e proteggere le proprie idee. C'era del coraggio nel decidere di dedicare ore a quelle schermaglie dialettiche invece di riposare. Oggi mi capita spesso di incontrare gente che non regge il confronto, a tavola si rimane poco e piuttosto in silenzio, al cinema sarebbe anacronistico chiedere un dibattito dopo la proiezione. Siamo diventati laconici, avari di pensiero e, conseguentemente, di idee.

Come potrei aiutare Alessandro se non sperando che possa incontrare adulti che gli dedichino tempo per contaminarlo con qualche visione, che si arrabbino con lui, che lo critichino? Ma se oggi anche un quattro in italiano è diventato raro a scuola, come possiamo sperare che una generazione cresca conoscendo il significato di frustrazione e di ribellione, e con esso la gioia di superarsi, di trarre da dentro di sé il talento che è celato in ognuno di noi?

Un buon liceo dovrebbe avere fra i suoi compiti pedagogici l'insegnamento del silenzio e della dialettica: il primo prepara alla meditazione, dalla seconda s'impara l'umiltà dell'ascolto e la bellezza dell'espressione verbale.

Il coraggio di scrivere

> Scrivere richiede molto coraggio. Richiede di vincere le proprie paure, le proprie inibizioni, l'attrazione che esercita su di noi il fallimento; siamo bravissimi a scavarci la fossa con le nostre mani e a rinchiuderci in pregiudizi e gabbie da cui non sappiamo uscire. Scrivere è anche capacità di liberarsi dai blocchi mentali, di attivare flussi di energia, di fede in se stessi e soprattutto nel lavoro che si sta compiendo...
>
> GIUSEPPE PONTIGGIA

> Tutti noi saremmo trasformati se avessimo il coraggio di essere quello che siamo.
>
> MARGUERITE YOURCENAR

Di lui conosciamo solo qualche scarno dato biografico.

Era nato a Roma nel 1927 da padre ignoto. La madre lo aveva fatto ricoverare in un istituto di carità, poi in un ospedale per una malattia alla colonna vertebrale, quindi era stato nuovamente internato in un manicomio per aver offeso un pubblico ufficiale, dopo che un tribunale lo aveva ritenuto totalmente incapace di intendere e di volere. Prima al Santa Maria della Pietà a Roma, poi in Toscana. Erano gli anni Cinquanta del secolo scorso.

Volterra è adagiata su due colline. Quella più grande regge un borgo magnifico, un gomitolo di strade e piazze e palazzi nobiliari che si ergono superbi, fatti di tufo e pietra. Prima gli etruschi, poi tutti gli altri. Stratificazioni di bellezze aspre e tortuose, come se il vento che puntuale leviga quel colle, avesse disegnato e plasmato la città. Questo il colle della storia, dell'orgoglio, della dignità, della civiltà.

L'altro è appena a lato, ma lontanissimo. Un tempo era sovrastato da boschi e giardini, poi, dagli inizi del Novecento, ha accolto la follia. Alla sommità si accede per una semplice stradina, che a migliaia di internati deve essere sembrata definitiva. Condanna della ragione, della follia della ragione. Ai visitatori distratti o ipocriti, quei padiglioni apparivano perfino eleganti: trifore signorili, corridoi ampi come nei palazzi, cortili protetti da alberi secolari, reticolati poderosi nemmeno avessero dovuto difendere la proprietà di un arcigno feudatario. Tutto doveva sembrare lontano per rassicurare la gente che nulla della bellezza del luogo sarebbe stato inquinato, né le menti incrinate, né le amministrazioni adombrate dalla vergogna. Tutto poteva e doveva accadere lontano, sopra l'altro colle, sfregiato dal vento impietoso, tra pini e querce, nei padiglioni dall'architettura gentile. Il viottolo radunava i folli per poi rinchiuderli con cura tra urla, manie, suppliche e ossessioni.

A quel luogo era stato dato il nome di un santo, Gerolamo, ma ciò che conteneva nulla aveva a che fare con l'umana compassione.

È per quella stradina che un giorno del 1959 giunse da Roma scortato dai gendarmi il matto, al secolo Nanetti Oreste Fernando. Ed è lì che visse tutti i suoi anni e morì. Eppure, quel progetto di annientamento non funzionò: qualcosa di quell'esile signore rimase oltre la sua miserabile sorte. Qualcosa di straordinario.

Nanetti Oreste Fernando scrisse, incise, per anni, munito della sola fibbia del suo panciotto «d'ordinanza», il più grande e stupefacente libro che mai sia stato composto, il suo graffito, la sua silenziosa rivalsa.

Per metri, tutt'attorno a uno dei tanti cortili, fino all'altezza cui poteva arrivare appoggiandosi a mensole, aggrappandosi a gronde, arrampicandosi su inferriate, Oreste scrisse la sua odissea pietrificata. Non voleva consacrarla alla storia, sapeva che quell'intonaco si sarebbe sbriciolato presto, ma ciò non lo distolse dall'impresa, svolta sottovoce, al sole che cuoceva le panchine e le anime che vi sostavano immobili, o al ghiaccio portato da un vento feroce.

Il suo modesto riscatto, la sua battaglia muta, la sua risorsa incompresa. Non ha dedicato l'impresa a qualcuno, perché lui non ha mai avuto nessuno. Non possedeva alcun appunto mentale da seguire, ma un fluire di pensieri, di nomi, di invenzioni, di disegni, di geroglifici, di imprecazioni. Un linguaggio criptico, convinto com'era che il mondo esterno era stato solo capace di giudicarlo e di rinchiuderlo: quel mondo non lo meritava.

Nanetti Oreste Fernando ha scritto fuori, in tutti i sensi. Non ha inciso l'intonaco delle sue celle di clausura, ma la parete grigia di un cortile esposto alle intemperie, esattamente come lui.

A volte, per indicare qualcuno che ha perso lucidità, diciamo che «è fuori», forse per intendere che «è fuori di testa, di senno». Nanetti Oreste Fernando ha passato buona parte della sua esistenza segregata «fuori», più fuori che ha potuto. Anzi, ha conferito a quel «fuori» nuova e inattesa dignità. È uscito dal dentro, dalle ragnatele razionali della medicina, dal pregiudizio, dalla diagnosi fatale. E aveva soltanto un luogo per farlo: l'intonaco esterno di un lager.

Ha dimostrato un coraggio enorme. Solo contro tutti, impugnando la fibbia del panciotto. Contro le siringhe potenti degli psichiatri, quelle che avevano annientato mille altre anime, ora sedute allineate e arrese su panchine di cemento. Lui, Nanetti Oreste Fernando, ha dato voce a chi l'aveva perduta, strappata dalla violenza dell'ordine medico. Ha scritto per tutti.

Le decine di metri del suo graffito sono divise in sequenze come le giornate di un affresco, perché rimanesse ai posteri l'impressione del coraggio caparbio che, giorno dopo giorno, l'aveva salvato dall'annichilimento del «dentro». Lui, come un bambino «fuoriclasse», è riuscito a rovesciare la logica e come Antonin Artaud ha urlato il suo grido di libertà nel luogo dove regnava il silenzio della resa.

La forza della scrittura, il suo immenso coraggio espressivo, trova in questo graffito un esempio raro: la libertà dal timore di essere visto, letto, interpretato, ancora giudicato.

La scrittura – anche nella versione più estrema dell'enorme affresco graffiato da Oreste sul perimetro del manicomio di Volterra – è dunque espressione di sé e per questa ragione richiede una straordinaria dose di coraggio e abnegazione per essere agita. In questo assomiglia alla fotografia: estroflessione dell'anima. Non si fotografa mai il fuori, ma il dentro.

«Ogni fotografia è un autoritratto» mi ha insegnato Oliviero Toscani. E per scrivere e fotografare occorre un grande coraggio: di esporsi, di tirare fuori. Una foto, come una pagina scritta, è un *acting-out*, un'operazione psicodinamica che conduce alla comprensione del Sé e di sé. Il coraggio di affrontare il conflitto tra la necessità di tenere dentro ogni contraddizione, celarla all'impudica curiosità altrui, e la sconsideratezza di farsi conoscere per ciò che siamo o che temiamo di essere: poveri, indeterminati, pre-giudicati.

La scrittura esalta la superficialità delle parole e punta direttamente all'anima di chi ha osato. Esattamente come la fotografia: essa è al di là di ciò che illustra, nell'immagine, ovvero nello specchio. Così come nell'attacco terroristico dell'11 settembre l'arma più letale non è un aereo che penetra nel simbolo della contemporaneità, ma l'immagine di quella tragedia riprodotta milioni di volte su tutti gli schermi del mondo, si può affermare che non è nella figura fotografata o descritta a parole che si esplica il valore della fotografia e della scrittura, ma nella sua capacità di far pensare e di esprimere un turbamento altrimenti celato.

Se, come credo, Giuseppe Pontiggia ha colto un aspetto inusuale del coraggio, verrebbe da riflettere su quanto sia importante, forse perfino strategico, insegnare alle giovani generazioni a scrivere (sarebbe bello anche permettere loro di fotografare, scoraggiando «selfie» tutti uguali, ma puntando l'obiettivo sul mondo che li circonda): significa non soltanto consegnare loro la forza di lottare per la libertà, ma anche dotarli di uno strumento autoriflessivo fondamentale per la crescita della propria anima.

Dovessimo temere che l'esercizio della scrittura – come quello, speculare, della lettura – si stia riducendo in quantità e qualità, allora dovremmo prevedere che, nel giro dei prossimi anni, le nuove generazioni si ritroveranno con minori possibilità di esprimere talento e vocazione, quindi con minori possibilità di conoscersi.

Un tempo esistevano i taccuini per appuntare impressioni di un viaggio o una ricetta scovata chissà dove. Un tempo esistevano lettere, cartoline, block-notes. Oggi è molto difficile trovare una persona che esca di casa con una penna nel taschino (me ne accorgo, negli ultimi anni, quando devo firmare copie dei miei libri dopo una presentazione).

Si pensi a un bambino che cresce senza penne né matite, sapendo che la scrittura, quella su uno schermo, potrà al massimo servirgli per comporre un messaggio su uno smartphone o digitare i 140 caratteri di un tweet o tre righe di una mail. È evidente che penserà che l'esercizio dello scrivere non debba essere considerato fondamentale non tanto per comunicare, ma per comprendersi.

La scrittura è esercizio di libertà (ricordo uno straordinario libriccino di Juan Rodolfo Wilcock, *Il reato di scrivere*).

Come potremo essere liberi di indignarci se non potremo più farlo attraverso la scrittura o se non potremo leggere parole stupefacenti? Le parole dette non saranno mai sufficienti a destare la nostra immaginazione, lo sappiamo bene: ciò che si dice, spesso è menzognero, ambivalente, ingannevole, mentre ciò che si scrive è duraturo, soprattutto dice qualcosa di noi.

Inibendo la scrittura (e la lettura), non solo s'indebolisce il coraggio di battersi per le proprie opinioni, ma si rinuncia anche all'idea di potersi migliorare. Rileggere ciò che si è scritto è spesso doloroso e severo quanto una psicoterapia: l'eco del nostro inconscio sa parlare per noi e su di noi. Se ognuno avesse a disposizione ciò che ha scritto in gioventù, potrebbe utilizzare le proprie parole come simboli – quasi degli archetipi junghiani – in grado di dire di sé molto più di un curriculum o del succedersi degli eventi della propria vita.

Per scrivere e leggere ciò che si è scritto ci vuole coraggio. Quello di accettarsi, di sopportare i propri nei, difetti, contraddizioni, sconnessioni. Le parole dette possono essere plasmabili e, nel ricordo, addomesticate, edulcorate, perfino stravolte. Ciò che si scrive, il nostro pensiero trasformato in inchiostro, invece, è indelebile.

Una civiltà senza scrittura cessa di essere civile, si priva della propria profondità, della propria storia interiore. Inevitabilmente galleggia sulla mediocrità. Una cultura senza lettura è senza testa e senza coscienza. Dunque morta, ancor prima di comunicare.

Senza il coraggio dell'espressione, la comunicazione diventa fatalmente burocratica, aziendale.

L'intelligenza artificiale non prevede un'anima artificiale: anzi non prevede proprio l'anima. Dobbiamo quindi ipotizzare un futuro dell'uomo privo di interesse per il suo stesso inconscio? Probabilmente sì, anche perché l'introspezione, così come il dubbio, tende a rallentare il pensiero e in un mondo dove l'istantaneità è un valore di per sé, tutto ciò che si frappone alla velocità deve essere temuto e, possibilmente, combattuto.

L'uso massiccio di psicofarmaci, che alcune recenti statistiche danno in costante aumento, contribuisce al silenziamento del nostro profondo: le ansie e le angosce, come le malinconie o gli impeti, vengono sempre più neutralizzati dalla chimica, ostacolando il viaggio interiore.

«È impossibile conoscere gli uomini senza conoscere la forza delle parole» ha scritto Sigmund Freud. Se le parole si diradano, si semplificano, s'imbruttiscono diventando orridi neologismi, se le nostre emozioni diventano piccole icone colorate sullo schermo di un cellulare, anche i mattoni del nostro inconscio diventeranno inevitabilmente sabbia e il nostro edificio millenario rischierà di assomigliare a un nido di termiti che non conoscono pace né ricercano futuro, ma solo un vorticoso, insulso presente.

Il coraggio di scrivere, di produrre pensieri e parole, diventa uno degli strumenti fondamentali per una possibile resilienza nei confronti di una prossima, futura barbarie.

Oreste non possedeva penna né matita né fogli di carta, ma aveva il coraggio di insegnare ai posteri che la libertà di scrivere significa, soprattutto, preservare la propria dignità di essere umano.

Il coraggio di un giornalista

Il coraggio non può essere contraffatto, è una virtù che sfugge all'ipocrisia.

HONORÉ DE BALZAC

Tutto quello che fai in questo mondo ti farà sopravvivere e tutto quello che non fai ti ucciderà.

NICK TOSCHES

Credo che nel nostro Occidente privilegiato vi siano molti giovani che fanno fatica a trovare un motivo per scoprire il proprio coraggio. Probabilmente non hanno avuto maestri. Eppure vi sono eroi contemporanei che ogni giorno, lontani dai riflettori dei grandi media, praticano la propria esistenza con audacia straordinaria; sono uomini e donne di cui si parla solo quando vengono uccisi.

Ogni giorno persone pagano con la vita il diritto di esprimere il proprio pensiero. Sono giornalisti che scontano con la morte la loro passione per la verità.

Vivono in Russia o in Messico o in Iran o in Turchia o in Egitto e in molti altri luoghi dove basta una parola, una sola parola pronunciata o scritta, per essere condannati a una terribile carcerazione o a morte. Ogni giorno ci sono killer pronti ad agire, regimi e falsi tribunali capaci di condannare a torture e a morte l'autore di un reato che ancora molti ritengono pericolosissimo: la libertà di opinione. La seduzione autoritaria si sta facendo largo anche tra le nostre democrazie.

Nei confronti di questi crimini di pace le cosiddette democrazie occidentali non sanno e non vogliono intervenire anche perché, nella convinzione di molti, la libertà di opinione dovrebbe essere sempre limitata. Buona parte della nostra cultura si basa sul principio di asservimento e osservanza al potere costituito: chi non si adegua, chi lotta contro il dogma, anche quando questo è imbarazzante, deve essere punito.

Certo, da noi non funzionano più i plotoni d'esecuzione e nemmeno le forche, ma quel sottile desiderio di mettere a tacere chi non la pensa come la maggioranza affiora come un fiume carsico dall'anima di tanti benpensanti: più di un secolo di storia delle nostre mafie ce l'ha insegnato.

Ci sono leader politici, pur democraticamente eletti, che utilizzano servizi segreti, delegittimazioni, costruzioni di dossier, ricatti di ogni tipo per combattere il proprio avversario. Oggi la tecnologia digitale offre uno straordinario strumento per destabilizzare l'oppositore: basta un hacker per entrare nella posta privata di singoli o aziende o movimenti politici e rubare informazioni sensibilissime. Si possono creare dei «fake» e diffondere falsità sulle persone che non si vogliono allineare o che cercano di fare emergere realtà scomode ai potenti.

Se in Russia o in Messico la via breve è quella di una pallottola nel cranio del dissidente, altrove, compreso il nostro Paese, si osserva una lenta e imbarazzante seduzione verso il pensiero unico. Nella repubblica dei «like», il passaggio alla museruola non è poi così complicato. Il regime fascista aveva bisogno di adunate plebiscitarie, oggi è tutto più semplice e sottotraccia, compresa l'ipocrisia di non ammetterlo.

Mi piacerebbe che in un liceo si organizzassero «lezioni di civiltà e di libertà», che si studiassero non solo i regimi dittatoriali che avvelenano il pianeta, ma anche le singole storie di coraggiosissimi giornalisti e fotoreporter che hanno donato la vita per far pervenire alla coscienza dei cittadini democratici reportage da luoghi dove la libertà è un miraggio.

Mi piacerebbe che in un'aula si parlasse, per esempio, di Javier.

Cinquant'anni, fisico possente, coraggio illimitato, Javier Valdez Cárdenas, giornalista messicano, è stato crivellato di colpi appena fuori dalla sede del settimanale «Ríodoce», da lui fondato alcuni anni fa. Gli hanno lasciato il suo cappello di paglia a coprire il volto insanguinato, il corpo riverso sull'asfalto caldo di un mezzogiorno. Lì doveva rimanere acciocché tutti gli abitanti di Culiacán, Stato di Sinaloa, potessero imparare, una volta di più, cosa accade a chi osa parlare degli affari dei narcotrafficanti, degli eredi del «Chapo» Guzmán.

Javier era il massimo esperto di criminalità messicana, quella che uccide ogni anno decine di uomini, donne e bambini senza che le autorità siano nemmeno in grado di iniziare un processo. Javier collaborava da anni con un quotidiano molto impegnato, «La Jornada», e ha scritto libri fondamentali per comprendere il fenomeno del narcotraffico messicano e i suoi legami con gli Usa e l'Europa; per questi meriti ha vinto, nel 2011, il premio «International Press Freedom». In particolare, si è occupato dei tanti suoi colleghi giornalisti uccisi dalla mafia messicana, un lavoro raccolto in un libro noto e apprezzato, *Narcoperiodismo*.

Quello stesso giorno, a qualche centinaio di chilometri da Culiacán, sono stati uccisi in un agguato una donna coraggiosa, impegnata nella denuncia dei crimini compiuti dai narcotrafficanti, Sonia Córdova, vicedirettrice del quotidiano «El Costeño», e suo figlio, anch'egli giornalista.

Non si tratta certo di affari interni a quel Paese nordamericano, ma di questioni che riguardano e investono anche la nostra quotidianità. Dentro una delle migliaia di dosi di cocaina in vendita in Italia c'è il sangue di Javier e di Sonia, ma anche quello di Miriam Rodríguez, leader del movimento di famiglie dei *desaparecidos* uccisa qualche settimana prima, proprio come era accaduto a sua figlia nel 2012.

Un insegnante sensibile all'educazione del senso civico dei nostri giovani dovrebbe mostrare le foto di questi eroi accanto a quelle dei nostri narcotrafficanti locali, quelli che «lavorano» a Trastevere o alle Colonne di San Lorenzo a Milano o a piazza Santo Spirito a Firenze, e di chi li organizza e li protegge.

Se i nostri adolescenti sapessero quante morti ha provocato la cocaina o la marijuana che si acquista in qualsiasi piazza italiana a qualsiasi ora della notte, si sentirebbero complici di una delle tante guerre che si combatte tutti i giorni contro la libertà di espressione e di informazione, si sentirebbero complici del sangue versato da uomini e donne che hanno sfidato il narcotraffico.

Sarebbe una lezione fondamentale per permettere a una generazione di avere consapevolezza che ciò che accade ogni giorno nel mondo ha a che vedere con ciò che facciamo noi, nella nostra quotidianità. Svelarne il nesso significa palesare le nostre contraddizioni e la nostra ipocrisia.

Non ci vuole molto coraggio per parlare di questi crimini, ci vuole molta più vigliaccheria a tacerne.

Pavidità, paura e indifferenza

> La vita è un fiammifero che viene sfregato, ma la cui fiamma va usata al più presto per accendere qualcos'altro, perché se aspetti si spegne ed è troppo tardi.
>
> STEPHAN ENTER

> L'istinto di imitazione e l'assenza di coraggio governano le società come le folle.
>
> MARCEL PROUST

Emanuele è un ragazzo come tanti. Lavora in fabbrica, ha una fidanzata, vive in un piccolo paese di provincia.

Anche quel fine settimana è uguale a tanti altri. Verso le dieci di sera Emanuele esce per andare a bere qualcosa con gli amici, un po' di musica, qualche risata, qualche bacio alla morosa. Quella sera Emanuele ha deciso di portarla in un locale del paese vicino, Alatri. Quando arrivano, la piazzetta è già affollatissima: è l'unico posto dove i giovani possano andare a divertirsi. Poi, bevuti i primi bicchieri, inizia una discussione futile, una parola di troppo, un'altra ancora. Scoppia una rissa, Emanuele viene spinto fuori dal locale. Si passa dagli spintoni ai pugni ai calci. Emanuele è sopraffatto da un gruppo di ragazzi sempre più inferociti. Ora è a terra, la fidanzata urla disperata, gli amici rimangono attoniti, in disparte. La piazza è gremita di giovani, ma nessuno interviene: come se qualcuno avesse acceso un videogioco atroce sulla propria playstation.

Il massacro continua in modo sempre più bestiale; lui, inerme a terra, non reagisce più. C'è una ragazza che sputa sul suo viso rantolante, un'altra che gli getta addosso banconote come fosse il peggiore dei malavitosi. Poi, qualcuno prende un manganello. È la fine. Il cranio spezzato come una noce. La corsa verso l'ospedale. Tutto inutile, il linciaggio ha avuto la sua vittima. Così si muore a vent'anni in un paesino qualsiasi, in una piazzetta che di giorno accoglie i pensionati a chiacchierare e di notte attrae orchi brutali.

Come sempre in questi casi, televisioni e giornali inviano troupe e taccuini per appuntare fiumi di parole sull'ultimo orrore. Per qualche giorno nei talkshow si parla delle ronde organizzate dagli amici di Emanuele per vendicarlo, dei pianti della fidanzata, della compostezza dei familiari, dell'incredulità del sindaco.

Ci si interroga su come possa essere possibile che dei ragazzi si trasformino in spietati carnefici che si accaniscono su chi è indifeso, su chi non ha colpe. Ci si chiede come abbiano potuto rimanere inerti perfino quelli che conoscevano Emanuele. Tutti a guardare una lapidazione barbarica: nessuno che reagisce, forse solo qualche parola gridata inutilmente e impotente. Tutti indifferenti a quella lenta e assurda morte in diretta. Qualcuno penserà si tratti di un caso eccezionale, ma solo qualche mese dopo, in un locale sulla costa vicino a Barcellona, si è ripetuto lo stesso scenario di orrore. Un ragazzo di 22 anni, Niccolò, è stato massacrato nell'indifferenza generale.

La vita vissuta come su uno schermo. Distacco emotivo, indifferenza totale. Ho parlato di questo sintomo collettivo in alcuni libri e molte conferenze. Rappresenta l'elemento più pericoloso e angosciante dell'involuzione culturale e comportamentale delle nuove generazioni, e non solo: sintomo di un disagio psicologico che molti adulti hanno sviluppato e trasmesso ai propri figli. La violenza è, da sempre, un linguaggio universale, ma ha anche prodotto anticorpi, sia pure minoritari. Invece l'indifferenza è perfino peggiore della violenza, proprio perché non crea difese, non suscita ribellioni.

Se dall'educazione si elimina la cognizione del dolore, si crescono individui incapaci di empatia. Così se il bambino non impara a riconoscere la frustrazione (perché viene immediatamente accontentato) e il senso della caduta, ma gli è concesso solo il lamento (che viene subito sedato esaudendo la richiesta), crescerà con la paura di tutto ciò che ha a che fare con l'idea del coraggio. Come si può pensare che a chi è nato e cresciuto nell'indifferenza, si possa chiedere di diventare quasi miracolosamente coraggioso e non pavido e vigliacco?

Chi semina vento, raccoglie tempesta. E in questo caso, ciò che hanno seminato certi genitori e educatori è un'idea di crescita autarchica, secondo cui l'individuo deve possedere in sé tutto il necessario e poter vivere chiuso in una monade dove la necessità dell'altro è assolutamente secondaria.

«*Alone, man is nothing...*» mi ripeteva un vecchio medico quando studiavo a Londra. L'uomo da solo, per quanto geniale o di talento, non è nulla, non può produrre nulla. Perché la creazione avviene per contaminazione, ibridazione, collisione. Il progresso stesso della nostra civiltà non può che basarsi sulla consapevolezza che le relazioni interpersonali sono i pilastri sui quali si erigono i nostri saperi. E così, quando dei giovani autarchici e indifferenti si mettono in gruppo, ciò che producono è soltanto regressivo.

Se s'insegnasse a un bambino a vivere le proprie relazioni con complicità, lo si salverebbe non solo dalla protervia, ma anche dalla tendenza, oggi molto diffusa, a provare disprezzo per ciò che non rientra nella propria privata appartenenza. Chi non è come gli altri deve essere considerato un reietto.

Il coraggio, interpretato in questa prospettiva, è la capacità di rovesciare la regola dell'autarchia, ovvero di invertire la tendenza a credere che ognuno possa, chiuso nella propria monodimensione esistenziale, impermeabile alla curiosità e alla necessità, creare innovazione, progresso, sviluppo.

Da solo, l'uomo parla al deserto. Insieme ad altri uomini curiosi e non arresi, costruisce ponti e speranze.

Nella piazzetta di Alatri si sono compiuti due delitti. Del primo è colpevole chi ha tolto la vita a Emanuele, il secondo è stato perpetrato da tutti i giovani che hanno assistito, inerti e vigliacchi, alla sua agonia. La giurisprudenza fa differenza in termini di responsabilità penali, ma dal punto di vista etico e morale la vicinanza è forte.

Ho cercato di immaginare le famiglie in cui vivono quei ragazzi. Di cosa si parla in quelle stanze? Come avranno reagito quei genitori quando hanno saputo che nessuno, nemmeno il proprio figlio, ha avuto il coraggio di intervenire per interrompere il linciaggio di Emanuele? Cosa si insegna loro? A farsi gli affari propri, a non immischiarsi?

Sono forse stati allevati a pensare che il coraggio non debba far parte dell'armamentario per diventare adulti? Adulti che vivono in un gregge indistinto e impaurito crescono cuccioli impotenti e fragili.

Educare significa trasmettere ciò in cui si crede. Un tempo la cultura giovanile produceva antidoti nei confronti di quella genitoriale. Per secoli i figli hanno creduto di dover lasciare la vecchia strada familiare per inventarsene una nuova. Ciò ha creato utili contrasti tra le generazioni, altrimenti non sarebbe stato possibile produrre il progresso, giacché esso nasce dalle tempeste, non dalle bonacce.

Più recentemente, a causa di ciò che ho chiamato la terribile *pax familiaris*, il passaggio generazionale è avvenuto in modo sempre più morbido, senza resistenze o conflitti, quasi per accettazione: non pochi giovani, oggi, ritengono di avere molto più da perdere (soprattutto in termini economici) di quanto potrebbero guadagnare in termini di autonomia, opponendosi al volere genitoriale.

Parallelamente, c'è una tendenza in molte famiglie odierne a pensare che i figli vadano accettati nella misura in cui assomigliano, nella cultura e nei comportamenti, a chi li ha messi al mondo, come se l'educazione dovesse procedere senza soluzione di continuità.

E non vi è dubbio che la persona dotata di coraggio oggi possa apparire a tanti come un corpo estraneo.

«Chi possiede coraggio e carattere, è sempre molto inquietante per chi gli sta vicino» ha scritto Hermann Hesse. Per non pochi educatori e genitori, il coraggio negli allievi e nei figli rappresenta motivo di preoccupazione proprio in quanto tende a spingerli verso approdi non controllabili, verso lidi inquietanti. Eppure si tratta di una contraddizione in termini: un giovane che non sia inquieto dovrebbe essere di per sé molto inquietante.

Sarebbe interessante che a scuola si valutasse un bambino o un adolescente anche per il carattere che esprime e per il coraggio che dimostra. Basterebbe sanzionare i comportamenti più codardi: chi accusa qualcuno senza assumersi la responsabilità dell'atto, chi si cela dietro l'anonimato, chi fa la spia. O, in maniera opposta, sarebbe sufficiente premiare l'allievo che manifesta un pensiero divergente da quello degli altri, anche se non del tutto condivisibile. Se l'educazione riconoscesse la capacità di un individuo di tenere la schiena dritta, quello che gli inglesi chiamano *outstanding*, insegnerebbe ai più timidi e timorosi che non bisogna avere paura di essere se stessi e che il coraggio delle proprie idee è la strada maestra.

Credo in una scuola che non voglia giustificare la mancanza di coraggio di un allievo. Ciò accade perché a lui/lei è venuto spesso a mancare l'esempio. Quante volte un ragazzo o una ragazza possono vedere tra i loro insegnanti persone che non hanno paura di niente e di nessuno, che non cambiano opinione a seconda del contesto in cui sono? E se il professore china la testa di fronte a un genitore che lo rimprovera per aver dato un'insufficienza (meritata) al figlio, che cosa potrà imparare quel giovane? Che chi dovrebbe insegnargli a vivere è egli stesso un pavido o, quel che è peggio, forte con i deboli e debole con i forti.

Opportunismo e desiderio di mimetizzarsi nel proprio branco sociale dovrebbero rappresentare per un buon educatore tendenze pericolose, proprio perché sempre più diffuse e incoraggiate dai nuovi modi di comunicare.

Sarebbe rincuorante se genitori e insegnanti volessero evitare di avvalorare ciò che Ennio Flaiano annotava nel suo *Diario notturno*: «I giovani hanno quasi tutti il coraggio delle opinioni altrui». Fondamentale è l'educazione che si pone l'obiettivo di far crescere persone che trovino la forza di pensare che nel mondo in cui vivranno ci sarà sempre spazio per chi possiede carattere e coraggio, e sempre meno per chi coniuga l'indifferenza con la codardia.

Coraggio e genio

Il genio è il talento esercitato dal coraggio.

LUDWIG WITTGENSTEIN

Il coraggio non è una virtù, ma una qualità comune agli scriteriati e ai grandi.

VOLTAIRE

La differenza tra genio e talento sta nel coraggio. Chi ha talento, ma non coraggio, non potrà essere geniale. Credo però che nella genialità vi sia una caratteristica ambiguità tra consapevolezza e inconsapevolezza che non prescinde dal coraggio.

Il campo perfetto per verificare la presenza di questa declinazione della genialità è l'arte. Il modo più naturale per farlo mi è sembrato chiedere aiuto a chi ha speso anni di studio e di lavoro intorno alle figure di tre straordinari geni dell'arte di tutti i tempi: Michelangelo, Raffaello e Leonardo.

Non fosse per la montatura degli occhiali un po' fané, Antonio Forcellino avrebbe la meravigliosa faccia dei pescatori dei mari del Sud. Segnata, bronzea, sole e vento amici da sempre. È nato e cresciuto a Vietri, perla della costiera amalfitana, luogo di stratificazioni mediterranee dagli arabi agli spagnoli; un paese dove i colori del mare e del cielo non devono essere bastati a quella gente chiassosa e simpatica, tanto da aver voluto aggiungerne molti altri sulle loro maioliche.

Molti anni fa Antonio mi fece conoscere un leggendario ceramista, Vincenzo Solimene, capostipite di una dinastia di maestri della creta che sforna da decenni bellezze ispirate a quel tratto di costa benedetto dalla natura. Aveva, il vecchio mastro, un volto da arabo, viveva nella sua fornace polverosa e caotica, simile a un bazar stracolmo di piatti, vasi, brocche, maschere colorate, pesci e stelle marine.

Antonio è partito, come tanti di quelle parti, verso nord, non solo per trovare lavoro, ma per seguire il fascino del bello. A Roma ha trovato gli studi da architetto e la pratica da restauratore, diventando negli anni uno dei massimi esperti del Rinascimento italiano. L'ultimo suo lavoro, quello più noto, è il restauro del *Mosè* di Michelangelo, durante il quale ha attribuito al genio fiorentino l'intera opera scultorea e non solo una parte di essa, come da secoli si riteneva.

Ci incontriamo dopo tanti anni, ci siamo seguiti a distanza, mentre percorrevamo due strade diverse che alla fine si sono avvicinate e sovrapposte soprattutto su una parola: curiosità.

L'età invecchia la pelle, ma non lo sguardo. E il suo è da sempre irrequieto, perennemente a caccia di stimoli, di qualcosa di magnifico su cui posarsi. Anche quando gli stai parlando è difficile che gli occhi di Antonio si riposino per più di qualche secondo. Un'inquietudine solerte e pressante che gli deve essere servita per non rassegnarsi alla banalità e per resistere in un mondo, la critica d'arte, colmo di invidie e intriso di prepotenze.

La parola «coraggio» non è certo sconosciuta alla sua biografia di ragazzo del Sud partito alla conquista del mondo. Ed è su questa che ho provato a interrogarlo, in relazione ai suoi studi su Michelangelo, Raffaello e Leonardo.

«Mi piacerebbe capire con te – in rapporto alle cose che hai studiato e scritto, ma soprattutto al tuo lavoro «sul campo» come restauratore – qual è il nesso tra genio, talento e coraggio… Vorrei cominciare da Michelangelo. Se lo associ alla parola "coraggio", che pensiero ti viene?»

«È un'associazione molto conflittuale. Michelangelo ha avuto delle grandi paure miste a un coraggio immenso. Per esempio, quando decise di mettersi a dipingere la Cappella Sistina. Lui non era un pittore, ma uno scultore, e la volta creava problemi tecnici enormi perché nessuno aveva mai dipinto quel tipo di superficie, se non con decorazioni. Lui, invece, voleva dipingere delle storie, il che significa immaginare un tipo di scorcio che doveva essere percepito da trenta metri più in basso. Soprattutto, lui non era un pittore di affreschi. Aveva dipinto solo qualche tela, il *Tondo Doni* e le *Tentazioni di Sant'Antonio*, che però è andato perduto. E invece si buttò in questa impresa immensa. Tra l'altro, siccome non sopportava di dover condividere le sue scelte con altri, prima fece venire dei pittori e poi li licenziò tutti. Praticamente, fece tutto da solo, con l'aiuto di qualche assistente. In quell'occasione dimostrò un coraggio enorme che non ebbe solo nella sua attività di artista, ma anche nella vita pubblica, come quando decise di sostenere i repubblicani nella rivolta del 1527 e s'imbarcò in un'impresa folle: lavorava per i Medici e prese parte all'insurrezione antimedicea coprendo pure un ruolo istituzionale, si fece nominare responsabile delle fortificazioni di Firenze contro i Medici, la famiglia che l'aveva adottato.»

«In che senso la famiglia Medici l'aveva adottato?»

«Lorenzo de' Medici l'aveva preso nelle sue grazie poi, due anni dopo la sua morte, il figlio Piero scappa da Firenze. Da lì s'innesta la prima insurrezione contro i Medici, quella che poi porterà al Savonarola. Anche Michelangelo scappa, poco prima di Piero. Ha solo 19 anni. Si sente così coinvolto con questa famiglia che fugge a Bologna e a Venezia, nemmeno fosse il nipote o il figlio naturale di Lorenzo de'

Medici. Però li tradisce: torna a Firenze e si mette a lavorare per la repubblica. Lui era indubbiamente un repubblicano, ma ha il coraggio di schierarsi contro i Medici.»

«Coraggio o improntitudine?»

«No, è stato un atto di coraggio, qualcosa che non si era mai visto in un artista: aderire a un gruppo che lottava per la riforma protestante mettendo a rischio tutto quello che aveva costruito... Papa Carafa – papa Paolo IV – aveva fatto arrestare dei cardinali, e anche lui aveva rischiato moltissimo. Nello stesso tempo, però, Michelangelo è uno che soffre di paure spaventose: nel 1494 scappa da Firenze, poi di nuovo nel 1527, e quando sente che sta per cadere la repubblica antimedicea, fugge ancora una volta con 500 ducati cuciti nel mantello. Michelangelo soffre di vere e proprie crisi di panico. È come se sapesse di possedere, e allo stesso tempo di voler combattere, una natura debole che riesce a dominare con la forza della ragione. Un uomo che in certe occasioni riesce a tenere sotto controllo il proprio istinto pauroso, ma in altre ne è travolto. Basti pensare a quando distrusse la statua della *Pietà*, oggi all'Opera del Duomo, che era la sua proiezione biografica. Sarebbe dovuta andare sulla sua tomba. Lui vi si era ritratto nelle vesti di Nicodemo, quindi era un'opera in cui aveva proiettato molto di sé, e a un certo punto la distrusse a martellate, sicuramente in preda a una crisi nevrotica.»

«Un'azione fortemente autodistruttiva: un'opera, per un artista, è la proiezione di sé. Secondo te, Michelangelo ne era cosciente?»

«Credo di sì, tanto che si porterà dietro questa autodistruttività per tutta la vita e la esprimerà anche in certe forme di maltrattamento di sé – il vivere in povertà, non mangiare, non cambiarsi gli stivali, obbligarsi a sacrifici fisici enormi, altro non sono che forme di autodistruttività –, che però riesce a riscattare completamente con straordinari slanci di genialità. Cioè si aggrappa al talento per superare la propria intima debolezza. Sa che il suo destino vero, il piano su cui lui è vincente, è l'espressione piena della sua arte. Su questo si considera il primo, il migliore di tutti. E cerca di tornare continuamente su quel piano, perché su tutto il resto sapeva di essere perdente.»

«In che senso? Fammi degli esempi per capire meglio qual era l'ambito in cui Michelangelo si sentiva uno sconfitto.»

«Per esempio, sul piano erotico lui è un perdente. S'innamora dei bei giovani, però alla fine è costretto a sublimare, a mediare questa passione e, quando s'innamora, perde completamente il controllo. E lo racconta pure... C'è un dialogo trascritto da un suo caro amico, Donato Giannotti, che dice che un giorno, mentre camminavano, una persona gli aveva proposto di unirsi a loro per il pranzo, ma Michelangelo aveva risposto: "No, no, devo tornare a casa, perché devo rifuggire dall'amore, perché quando amo è come se morissi un po' e mi perdo a me stesso". In queste parole si capisce che lui nell'eros si sentiva perdente, lo trovava una forma di sottrazione, smarriva il controllo, mentre il piano sul quale lo recuperava ed era formidabile e non aveva paura di nessuno, era quello della creazione artistica. Lì ritrovava il suo immenso coraggio, quello della sfida. In effetti, studiando la sua vita si scopre che la sua è l'esistenza di un uomo che sceglie di vivere sul piano a lui più congeniale, tralasciando l'edonismo, il piacere, anche l'eros...»

«Quindi il coraggio, secondo Michelangelo, sta anche nell'ammettere piani diversi della propria personalità, ammettere e annettere tanto la propria debolezza quanto la propria grandiosità?»

«Sì, il suo coraggio risiede nel sapere e poter scegliere, nel decidere qual è il piano su cui si vuole far misurare dal mondo. È quello della Cappella Sistina o del *David*. Sono imprese spaventose, perché il *David* era un'opera mai riuscita ad altri scultori: si doveva prendere un unico, enorme blocco di marmo, difficile da gestire. Lui arriva e dice: "Lo faccio io" e ci riesce. Vuole staccare a Carrara una colonna in un unico blocco. È un'impresa assurda: muore schiacciato un cavatore, lui viene ferito, come un altro operaio. Ma vuole assolutamente misurarsi con quell'impresa proprio perché impossibile.»

«Secondo te, ha necessità di dimostrarlo a se stesso o agli altri? Il coraggio, per lui, era dentro o fuori di sé?»

«Michelangelo vuole sfidare gli antichi. Vede nel Foro romano le colonne monolitiche di dodici-quindici metri e pensa: "Perché io non devo riuscire a fare questa stessa opera?". Invece di staccare le colonne a rocchi, come si faceva già a quell'epoca, decide di staccarle a blocco unico, come i grandi maestri della romanità. È un'impresa impossibile, e infatti alla fine fallisce, perché di quattro riesce a staccare solo una di quelle immense colonne. Dovevano essere per la facciata di san Lorenzo, che poi alla fine non si farà. Michelangelo è un uomo con un coraggio enorme, ma anche con grandi paure, preda di insospettabili vigliaccherie. Si sottrae. La mia impressione è che, anche quando s'innamora, scappa, si nega la dipendenza amorosa. Tranne in vecchiaia, quando trova il coraggio di dichiararsi a Tommaso Cavaliere e lì si vede che, quando infine lo fa, si dichiara in un modo che è come togliersi la pelle... A Tommaso invia delle lettere che descrivono un assoggettamento straziante. Pensare che lui era già il divino Michelangelo e questo era un ragazzetto che non aveva né arte né parte, e lui si mette ai suoi piedi pregandolo di perdonarlo per aver avuto l'ardire di scrivergli. Michelangelo è uno che scappa continuamente dall'eros, che sente troppo doloroso, troppo distruttivo. In Michelangelo convivono il coraggio di ardire l'opera e la pavidità nei sentimenti e nel rapporto con le persone, poveri amanti o potenti committenti che fossero...»

«Da Raffaello e da Leonardo il coraggio era vissuto in maniera diversa?»

«Sì, per loro due è diverso. Il coraggio di Raffaello è nel progetto. Raffaello è un diamante. Prima di essere straordinario per il progetto, lo è per la consapevolezza intellettuale che possiede. Non sbaglia una mossa, una relazione, un rapporto: seleziona gli uomini migliori dai quali deve imparare, con i quali stabilire rapporti di crescita: Bembo, Navagero, Castiglione... Individua i migliori intellettuali e vi si associa, per crescere. Fa la stessa cosa con gli artisti: cerca i giovani di maggior talento – come Giulio Romano – e li porta nella sua bottega che, a quel punto, è diventata un atelier, la Factory di Andy Warhol cinquecento anni prima... Lui coordina il lavoro dei suoi assistenti e capisce in che cosa sono bravi: a ognuno permette di sviluppare il proprio talento speciale. Raffaello è perfettamente lucido, il suo coraggio è quello di scalare tutto ciò che può essere scalato. Lui è il grande ministro della vita culturale nei dieci anni più importanti della storia di Roma rinascimentale. È lui che decide, è architetto e disegnatore, scrive commedie importanti e ne disegna le scenografie. Scrive una lettera a Leone X per la tutela del patrimonio archeologico, si mette a studiare la pianta della città per fare un progetto di tutela. Raffaello è il primo sovrintendente di Roma: tutto passa attraverso di lui. Ha un'intelligenza lucida che lo rende indispensabile a persone come Agostino Chigi, che era l'uomo più ricco del mondo, e ai papi, che erano gli uomini più potenti: prima Giulio II e poi Leone X. Raffaello possiede il coraggio di osare, non si ferma di fronte a niente, resta lucido. È perfetto e freddo, forse un po' troppo. Il suo rapporto con le donne lo gestisce benissimo perché segue l'amore, ma si tiene lontano dal matrimonio che gli viene proposto da più parti, coltiva degli aspetti di piacere pieno, appagante.»

«Dov'è il coraggio in questa sua perfezione? Sta forse in ciò che intendeva Ludwig Wittgenstein quando scriveva: "Genio è ciò che fa dimenticare l'abilità. Dove il genio è sottile, può trasparire l'abilità. Genio è ciò che ci impedisce di vedere il talento del maestro. Solo dove il genio è sottile, si può vedere il talento". Raffaello rappresenta questo tipo di coraggio?»

«Assolutamente sì. Il suo è stato il coraggio di immaginare di poter costruire tutto senza far emergere il suo sforzo. Raffaello nasce in un contesto facilitato, era figlio di un intellettuale e questo è importante perché il padre era un pittore, ma anche un cortigiano, uno che sapeva scrivere. Ha avuto un ruolo importantissimo per il figlio. Raffaello, però, nasce in un contesto ancora medievale: alla fine del Quattrocento continuano a esserci le botteghe, i maestri artigiani, e i quadri si stimano per il numero di teste che vi sono dipinte: tante teste, tanti ducati, tanto oro, tanti lapislazzuli. Quando lui morirà, tutto sarà cambiato, anche grazie a lui. Perché è anche per merito di Raffaello, Michelangelo e Leonardo che è stato possibile l'incredibile lavoro di trasformazione del ruolo dell'artista moderno. Chi lo fa consapevolmente e con successo, è Raffaello. Lui non lascia niente come prima. Ci vuole un gran coraggio a immaginare di poter fare una cosa del genere…»

«Quindi il coraggio, nel caso di Raffaello, risiede anche nel progettare il cambiamento…»

«Progettare il cambiamento dei ruoli. Raffaello assume a un certo punto la responsabilità di tutto ciò che accade a Roma: contemporaneamente deve ricostruire San Pietro, sta ridisegnando la pianta di Roma, sta progettando villa Madama, sta finendo le Stanze Vaticane, dipingendo alcuni quadri importantissimi per i re. Per fare questo doveva avere un grandissimo coraggio. Perché lui deve fare tutte cose di livello altissimo, non si impegna in opere in cui si poteva tirar via, sono tutte commissioni che sono sotto gli occhi del mondo: ci vuole un grande coraggio a pensare di poterlo fare, a decidere di poterlo organizzare.»

«Forse in nessun artista come in lui il coraggio si coniuga con l'aspetto più costruttivo, al limite dell'impossibile.»

«Esattamente. Mentre Michelangelo incarna il coraggio come una spinta, però troppo impulsiva, per cui poi perde continuamente il controllo, Raffaello è lucido. Ha un progetto, lo mette in atto, organizza le energie migliori, e alla fine vince. Certo, lui muore giovane, a soli 37 anni, però quando se ne va molti pensano che sia morto un santo, una persona che aveva seguito un percorso straordinariamente lucido, razionale.»

«Però, sia lui sia Michelangelo hanno coscienza di essere dei geni.»

«Sì, ma questa consapevolezza l'hanno avuta in molti, alcuni a ragione, altri a torto. Per esempio, Sebastiano del Piombo era convinto di dipingere meglio di Raffaello. Ci sono delle lettere inviate a Michelangelo nel momento della loro contesa, in cui scrive di poter superare Raffaello. Anche Sebastiano del Piombo pensava di essere un genio.»

«Che rapporto c'è, in queste due figure, tra coraggio e stima di sé?»

«Sicuramente, dei due, Raffaello era quello che aveva più autostima. Michelangelo era come se si trascinasse dietro qualcosa che non avrebbe voluto avere, se non altro quel carattere collerico che lo metteva in conflitto con tanta gente di cui poi aveva bisogno e gli provocava momenti di grande sconforto. Anche la vocazione religiosa, comparsa alla fine della vita, è legata alla sua paura di andare all'inferno, di essere punito. Raffaello, invece, era un apollineo, aveva un'autostima formidabile, perfettamente equilibrata. Michelangelo non riconosce un grande talento a nessuno,

Raffaello invece riconosce anzitutto il talento intellettuale. Michelangelo no, si vede anche nella scelta dei collaboratori: non ha prodotto nessuna scuola, perché in realtà prendeva solo quelli mediocri.»

«Pensi, cioè, che Michelangelo si circondasse di artisti di scarso talento perché aveva un'autostima più fragile, timorosa del confronto e in perenne conflitto?»

«Sì, il fatto che Raffaello riuscisse a selezionare e a tollerare il confronto con degli assistenti di talento e che Michelangelo non avesse allievi altrettanto promettenti, credo sia legato a due diversi livelli di autostima.»

«Probabilmente Michelangelo aveva bisogno di sapere di essere unico...»

«Certo, unico. E forse nella scultura lo era, ma nella pittura non era proprio così. Michelangelo pensa sempre di dover fare le cose da solo. Anche alla fine, quando deve dipingere non solo il *Giudizio Universale*, ma anche la Cappella Paolina, ormai a settant'anni... Invece Raffaello riesce a fare le cose proprio perché le fa insieme agli altri, li rende visibili e fa in modo che tutte le energie concorrano a creare una cosa bellissima. Michelangelo no, lui lavora da solo, è solo.»

«Quindi, forse, in Raffaello c'è un coraggio che potremmo definire più razionalista...»

«Credo proprio di sì, lui è un razionalista, è il sole ed è facile relazionarsi con lui, lo dicono anche i suoi contemporanei: è gentile, ha una bella conversazione, è socievole, veste bene, è elegante. In lui è tutto molto razionale. È proprio la forza del talento piegato dalla ragione. Invece Michelangelo si muove continuamente tra istinti e cadute.»

«E Leonardo, che tipo di coraggio incarna?»

«In Leonardo c'è il coraggio della visione. È un visionario. Ha il coraggio di inventarsi un mondo completamente suo. È indifferente ai valori di chi gli sta attorno, alla moralità dei suoi committenti. Leonardo immagina un altro mondo, è convinto di avere un destino, di intuire cose straordinarie e deve servire solo quelle. È un genio che si costruisce, anche sul piano esistenziale, una vita separata, autosufficiente, lontana dai valori degli altri, a cominciare dall'alimentazione: è vegetariano, non sopporta di vedere uccidere gli animali. È attratto dai giovani. Viene denunciato per omosessualità perché frequenta un sedicenne. Però lui non si ferma, così come non si fermerà nella relazione con un altro ragazzino che, quando gli arriva a bottega, ha dieci anni. È pur vero che allora il concetto di adolescenza era diverso, però si sente che lui è innamorato: comincia a scrivere di questo ragazzino, dice che è proprio un mascalzone, però gli donerà tutto, alla fine gli lascerà tutti i suoi soldi. Anche il successo è per lui solo uno strumento per seguire il proprio impeto. La passione intellettuale di Leonardo ha la forza di un desiderio. Viene agito da una sete di conoscenza che gli costerà tantissimo, perché gli fa trascurare le attività che potrebbero dargli denaro e potere. Tutti gli chiedono un quadro, e lui invece non consegna un'opera. Deve fare *La battaglia di Anghiari*, tutti l'aspettano – Machiavelli, Pier Soderini e altri – e invece lui sta lì all'alba a cercare di risolvere il problema della quadratura del cerchio. Tutti volevano altro da lui, ma lui non lo dà. Dopo la caduta di Ludovico il Moro non ha fatto altro che peregrinare. Quando stava a Roma – era andato da Giuliano de' Medici, il fratello del papa, nel 1513 – alloggiava negli appartamenti del Belvedere, quelli per gli artigiani. Dopo tre anni decide di seguire Francesco I in Francia. Anche lì sta in mezzo al niente, vive in campagna. Leonardo aveva un grande dolore: il fatto che il padre non lo avesse riconosciuto gli provocava un dolore enorme. Il padre notaio non solo non legittima il figlio, ma lo avvia alla carriera artigiana. E lui fa di tutto per dire "non sono un artigiano, la pittura è cosa mentale". Tutta la sua abilità è stata dedicata a quello scopo, ma la ferita psicologica creata dall'abbandono paterno non è mai guarita del tutto. Viveva in una sorta di allucinazione, in cui coglieva delle cose straordinarie. Ma la cosa formidabile che possedeva era il talento per la pittura: quello che tutti gli chiedevano e che lui non concedeva quasi a nessuno. Leonardo ha prodotto pochi quadri, ma così straordinari che ognuno di essi è diventato leggenda. Però lui si rifiuta di dipingere per seguire il trattato di anatomia, il trattato di fisiologia. E compie anche diversi errori, perché poi, al di là del mito, non riesce ad avere un approccio scientifico perché ha la mente troppo occupata dal tentativo di colmare la mancanza di formazione. Tuttavia, penso che il coraggio di Leonardo sia stato quello di resistere. È parte di questo anche la sua indifferenza riguardo all'identità dei committenti. Non gli importa per chi lavora: segue un progetto, un desiderio di conoscenza. È l'unica cosa per cui è disposto a sacrificare tutto.»

«Il coraggio inteso come desiderio di conoscere per cambiare o desiderio di pura conoscenza?»

«Pura conoscenza, direi. Lui vuole penetrare le cose. Ha il coraggio del cambiamento, inteso come costante ricerca di *revanche*. C'è un'annotazione rivelatrice della sua psicologia che non viene presa in considerazione: quando arriva a Roma – nel 1513, quindi ha 61 anni – rimane impressionato dalle vestigia romane e scrive: "Ah, se fossi vissuto nel periodo dei Romani e avessi scoperto l'arma invincibile che li avrebbe resi imbattibili, che già di per sé erano invincibili, quanta gloria avrei avuto io! Più di Archimede, al quale, pur essendo un nemico dei Romani, furono tributati grandi onori". In queste parole Leonardo mette a nudo ciò che era stato il desiderio di tutta la sua vita: fare la scoperta che lo avrebbe riscattato, scoprire qualcosa che lo avrebbe elevato da una condizione che evidentemente gli risultava angusta.»

«E questa idea/riscatto/coraggio non aveva niente a che fare con la pittura...»

«No. Per Leonardo, la pittura era come un bancomat, anche se per certi versi è l'aspetto che lui ha approfondito di più: l'ottica, il problema dei lumi, i lumi riflessi, le luci secondarie e così via. È nella pittura che riesce a lasciare il segno del genio, però lui voleva occuparsi di arte bellica, matematica, fisica, biologia, meccanica: lì cercava di emergere, anche se era consapevole che non sarebbe arrivato a niente.»

«In che senso era consapevole dei suoi limiti?»

«A un certo punto scrive: "Ho fatto talmente confusione che sarà difficile rimettere a posto tutti questi libri che ho scritto". Non produce invenzioni, si avvicina a delle invenzioni. Quelle materiche sono catastrofiche, perché sia quelle del *Cenacolo* sia quelle della *Battaglia di Anghiari* sono sbagliate, tant'è che le pitture si rovinano; l'invenzione del volo non porta a niente; riesce a realizzare delle scenografie per allestimenti teatrali: macchine che si aprono nel teatro, sollevano Plutone, ma non è ciò che si aspettava. Lui si aspettava ciò che annota: la grande invenzione che avrebbe messo il mondo ai suoi piedi.»

«In quale settore avrebbe dovuto avvenire quell'invenzione? Probabilmente il cannone.»

«Sì, sicuramente nel campo della balistica. Per questa ragione si può dire che quello di Leonardo fosse un coraggio visionario. Però posso affermare che ognuno dei tre geni di cui abbiamo parlato è rimasto fedele a se stesso. Ciò che li accomuna è il coraggio di seguire il proprio progetto. In maniere diverse, però: chi con sacrifici, chi con lucidità, chi invece – come Leonardo – consapevole che era una visione.»

«Fra Michelangelo, Raffaello e Leonardo, chi ha avuto il coraggio della consapevolezza di essere un genio?»

«Secondo me, tutt'e tre.»

«Leonardo sapeva di essere un grande pittore?»

«Certamente. Sono tutt'e tre consapevoli. Il carattere distintivo del genio è la consapevolezza della propria genialità. Non esiste un genio per caso.»

«Forse esiste solo un talento per caso...»

«Esistono talenti che poi vengono anche sprecati, invece questi talenti affinati poggiano sulla consapevolezza. Forse anche questa è una forma di coraggio. Convivere con il proprio destino di genio, con la propria immensa virtù, è una forma di coraggio.»

«Un coraggio scomodo. Non è il coraggio di intraprendere, ma quello di stare con se stessi, di essere e sentirsi superiori.»

«Sì, ma ciò significa anche accettare una forma di solitudine molto radicale. Michelangelo viveva sicuramente questa condizione, ma anche Leonardo, che non ha quasi relazioni, a parte quella con l'oggetto del suo desiderio, Salai, il ragazzino che gli sta accanto tutta la vita. Nei dipinti ritrae per lo più donne di altri, come la *Dama con l'Ermellino*, donna di grandissima bellezza, amante di Ludovico Sforza. La stessa *Gioconda*, secondo me, è una forma di autoritratto, un'idea della madre, della forza che governa la terra, quasi una figura simbolica. Con Vittoria Colonna, Michelangelo era riuscito a sviluppare una relazione affettiva molto forte, intellettuale, così come con alcuni amici, come Donato Giannotti, e altre personalità con cui non aveva nessun coinvolgimento erotico, ma sicuramente psicologico e relazionale. Leonardo invece no, non stringeva amicizia con nessuno.»

«Si potrebbe pensare a un comportamento quasi autistico...»

«Secondo me, Leonardo era autistico. Il fatto che avesse bisogno continuamente di annotare, di dibattere, che facesse a se stesso domande e si desse risposte, che s'inventasse dialoghi in cui era lui a contraddirsi, dice della necessità di crearsi un mondo a parte.»

«In che cosa, secondo te, il coraggio di Raffaello è diverso da quello degli altri due?»

«La figura di Raffaello ha prodotto più conseguenze nell'identità dell'artista moderno. Michelangelo è una figura romantica, mentre Raffaello incarna quella moderna dell'artista razionale che svolge un ruolo sociale importante: coglie le istanze di un'intera società, mentre Michelangelo materializza le proprie inquietudini. Infatti avrà successo presso un certo tipo di pubblico, mentre Raffaello ha lasciato della vita un'immagine perfetta, di bellezza chiara, serena... una sorta di età dell'oro.»

«Vuoi dire che dentro Raffaello c'è coraggio senza turbamento?»

«Esatto: lui è continuamente placato; ha il dono dell'equilibrio, della serenità, non solo nelle sue opere, ma anche nelle sue lettere, nei suoi scritti. Non aveva nemici, tranne Michelangelo, che non sopportava la pienezza di Raffaello, tanto da tramare contro di lui con Sebastiano del Piombo. Raffaello era un uomo risolto. Michelangelo ha vissuto quasi novant'anni, ed era diventato un mito. Ma alla sua morte lo piansero soprattutto quelli che si prendevano cura di lui, Tommaso Cavaliere e Daniele da Volterra, che vivevano nella sua stessa casa. Quando morì Raffaello, invece, fu un lutto nazionale: Bembo e Castiglione sentirono che non era morto solo un carissimo amico. Raffaello era uno che s'imponeva anche sul piano affettivo, aveva una funzione stabilizzante per chi gli stava accanto. Penso a Raffaello come alla possibilità di una felicità piena. Non necessariamente si deve pagare il talento con la sofferenza. Si può vivere felici e avere talento. Si può essere totalmente appagati e svolgere un ruolo fondamentale per il mondo. Raffaello ci ha lasciato questo insegnamento.»

«Sì, credo che ci sia sempre qualche eccezione che dimostra che l'inquietudine del genio può coesistere con un certo grado di serenità, però non è sempre così, anzi, c'è chi si è ammazzato, come Rothko. Mi colpisce molto questa teoria della serenità che convive con la genialità. Ho sempre pensato che il coraggio della propria genialità avesse un prezzo da pagare, in termini di dolore.»

«Non necessariamente. Raffaello è come Fidia, ma pure da Vinci non era poi così tormentato. Leonardo è uno che non esce di casa se non ha i capelli a posto, inanellati, le calze giuste, non era come Michelangelo che non riusciva più a sfilarsi gli stivali perché erano tutt'uno con la carne! Leonardo è un uomo elegante, ama la bellezza e si circonda del bello. Non è tormentato, Leonardo. È uno che cerca sempre qualcosa che non è quello che potrebbe avere, però a suo modo è felice. È sfortunato, perché il suo mondo non coincide con quello degli altri, però lui alla fine riesce a piegare un po' il mondo degli altri alla propria luce, perché sopravvive. In fondo, è proprio la diversa forma di coraggio ciò che rende questi tre geni così unici e straordinari.»

Il migrante, l'esiliato, il coraggio e la tristezza

> Ciò che sento è uno scoraggiamento immenso, una sensazione insopportabile di isolamento, una paura costante di un malessere vago, una disfatta completa delle nostre forze, un'assenza totale di desiderio, una impossibilità di trovare un divertimento qualsiasi...
>
> CHARLES BAUDELAIRE

Di fronte alle centinaia di migliaia di uomini, donne e bambini che ogni giorno cercano di fuggire da città bombardate, attraversare mari, valicare montagne, incamminarsi tra deserti, mi sono chiesto se vi sia anche del coraggio ad armare volontà e caparbietà o la sola disperazione.

Francamente non so se si possa parlare di coraggio per descrivere l'atto di chi non ha scelta, di chi è costretto a vivere la propria vita come una condizione segnata dalla fame e dall'oppressione delle guerre, o se non sia una scelta istintiva, di chi cerca salvezza per sé e per i propri figli. In questo caso, il coraggio assume piuttosto il colore della tristezza e della disperazione.

C'è un'immagine che ritrae magistralmente il sentimento che ha colpito, per secoli, milioni di sventurati in ogni parte del mondo.

È una tela di Sandro Botticelli dipinta nel 1497, di proprietà della collezione Guardans-Cambó di Barcellona e da tempo prestata al Museo del Prado, che ritrae Michele Marullo detto il Tarcaniota, allora quarantacinquenne. Un'opera di squisita bellezza proprio perché lontana anni luce dalla compostezza compiaciuta dei tanti illustri potenti che hanno posato per i maestri del Rinascimento. Colpisce innanzitutto lo sguardo di tre quarti, quasi annoiato, comunque lontano, distratto. Capigliatura ampia nero corvino e veste di egual colore fosco donano al ritratto un'aura quasi sinistra, nemmeno vi fosse, sottinteso, un presagio drammatico che quell'uomo inconsciamente voleva comunicare al maestro che lo dipingeva.

È il ritratto di un migrante, nato a Costantinopoli, costretto con la famiglia a fuggire dall'occupazione turca per poi affrontare altre guerre, riparare a Ragusa in Dalmazia, e quindi, attraversando l'Adriatico, fino a Venezia, a Napoli e infine a Firenze, dove fu accolto dalla corte dei Medici e dove incontrò il Botticelli. Conobbe grandi intellettuali come Angelo Poliziano e Pico della Mirandola, scrisse poemi in latino (anche se la sua lingua madre era il greco) e si arruolò come soldato di ventura per combattere gli odiati turchi, sposò una dama, Alessandra, di rara bellezza e cultura, figlia di un potente politico fiorentino. Finì, ancor giovane, ingloriosamente annegato in un piccolo fiume nei pressi di Volterra, nel 1500.

Dunque, un intellettuale introverso, inquieto, predestinato. Emblema dell'essere errabondo, perennemente instabile, inseguito da rabbia e tristezza: vittima del delitto di chi sottrae a una persona il diritto alle proprie radici.

Scrisse in un suo poema: «A che giova essere fuggito tante volte dalle catene e dal destino che mi attendeva? La libertà è solo una vuota parola, e forse mi avrebbe giovato di più rimanere nella mia patria, pur dovendo servire un crudele tiranno. Perché è di conforto poter vedere le tombe e i monumenti dei padri, le memorie delle loro conquiste: respirare l'aria della patria finché uno ha ancora respiro. Assai meglio che non essere oggetto di scherno, in terra straniera».

Forse ci si dimentica troppo spesso, guardando i barconi straripanti di corpi esanimi, del coraggio di credere in una salvezza e, pur nella riconoscenza per chi li trae in salvo da morte certa, del dolore e dell'atroce tristezza che accompagna la folla di esiliati che, con sentimenti contraddittori, accogliamo sulle nostre coste.

Michele Marullo Tarcaniota ci guarda da oltre quattro secoli per ricordarci che il coraggio necessario a fuggire la morte contiene in sé la rabbia dell'esilio, ma non stempera la piaga incisa dalla violenza delle guerre e dalla sopraffazione umana.

Coraggio significa anche sapere e potere urlare che libertà è una vuota parola quando non la si coniuga con una reale possibilità di scelta del proprio destino e se è inquinata da ingiustizia e protervia dei potenti.

La lezione di Michele è dunque che il coraggio consiste anche nella forza di non rinunciare mai a ricordare a chi accoglie gli immigrati la ferita inguaribile di chi è stato costretto a recidere le proprie radici e a bollare dolorosamente la propria identità con un marchio a fuoco.

Lo sguardo fuggente e triste del poeta greco ritrae simbolicamente l'abnegazione di chi non vuole rinunciare a lottare per la propria dignità e integrità, malgrado la consapevolezza che nessun «nuovo mondo» potrà sostituire quello che si è stati costretti a lasciare.

In quel ritratto, tuttavia, c'è dell'altro. Una tipologia di coraggio sempre più carente è quella di accettare e mostrare non solo privatamente le proprie emozioni più autentiche, soprattutto se avvertite come negative.

Una di queste è la tristezza. La chimica psicofarmacologica è diventata spesso uno strumento per detergere le lacrime più amare, per coprire le tracce di una malinconia, per truccare la realtà plumbea di un'anima. Tutto sembra essere accettabile purché rientri in un quadro positivo, beota, perfino aggressivo, che non sollevi dubbi su ciò che non va e non funziona della/nella nostra vita interiore. Farmaci adatti soprattutto a impedire di osservare allo specchio la propria esistenza, per trasfigurarsi come pagliacci in un circo in fiamme. Il ritratto di Michele Marullo Tarcaniota è un'immagine che richiama il diritto di ognuno di essere ciò che è, perfino triste, perfino cupo, perfino maldestinato. Quel signore rinascimentale continua a ricordare ai posteri quanto coraggio sia necessario per non dover apparire come gli altri vorrebbero: la vita non è un set pubblicitario, ma è straordinaria proprio perché reale, e lo è quanto più è autentica.

La tristezza, la malinconia non sono nei da estirpare o macchie da detergere; sono al contrario necessarie perché favoriscono una crescita anticorpale che porta alla rivalsa, al cambiamento, al riscatto. Se non esistessero tristezza e malinconia non ci sarebbe nemmeno la gioia intensa o l'illusione della felicità. L'estro umano è al lordo di ogni esperienza emotiva, nessuna delle quali può né deve essere negata a priori. Altrimenti si rischia di vivere in una scena creata dall'obbligo di transitare sul palcoscenico falso dell'ipocrisia e dell'osanna all'ipocrisia.

Il coraggio di avere paura

Ha un gran coraggio chi si mette a scappare.

ANGELO BEOLCO DETTO IL RUZANTE

Penso che la paura non sia che l'altra metà del coraggio. Bisogna accettarla. Bisogna lasciarla fluire molti mesi prima, quando ci si prepara a gestirla. Quello che «resta» è il rischio: quel «resto» cos'è se non paura? E potrei anche aggiungere che più hai esperienza più hai timore, perché più forte ti brucerebbe il fallimento. Eppure, quando la morte è una possibilità, l'impresa non si misura con il parametro del successo, ma dal valore che ci si è messo. In fondo andiamo sempre dove si può morire, per non morire. E d'altra parte in ogni impresa sono un po' morto e sono anche rinato. Ecco perché bisogna avere paura…

REINHOLD MESSNER, da un'intervista
al «Corriere della Sera»

Il coraggio non è quello di chi non ha paura, ma quello di chi conosce la paura e la vuole affrontare. Anzi, si potrebbe arrivare a dire, parafrasando Oriana Fallaci, che il coraggio è, esso stesso, fatto di paura.

Secondo una certa interpretazione modernista, il pauroso è una persona fragile e il coraggioso un individuo sprezzante, ma le cose della vita non sempre sono così nette e chiare.

La paura è un'emozione reale, perfino banale nella sua

prevedibilità. Ciò che sorprende è la voglia e la determinazione a superarla senza aspettare che siano gli altri a volerci aiutare a sconfiggerla.

Per molti, invece, la paura della paura è un'ossessione che insegue un'esistenza intera e il coraggio è lo strumento, l'unico, per sconfiggerla. A tal punto da trasformare e tradurre il coraggio in incoscienza, in una sorta di rincorsa della più incredibile insensata audacia.

Al tempo in cui l'Europa era un enorme campo di battaglia, la figura del temerario era un'icona classica, romanzata e adulata. Li chiamavano «cavalieri di ventura», erano mercenari che non conoscevano commiserazione e si nutrivano della nomea che li accompagnava di paese in paese, di campagna in campagna. I più feroci e fortunati finivano su un piedistallo, in piedi o a cavallo, come il Gattamelata scolpito da Donatello.

Ogni regime e ogni guerra ha conosciuto falsi eroi, avanguardisti, legionari prezzolati spinti dalla noia o dal sadismo. Volontari delle guerre che finivano impallinati appena fuori dalle trincee, nelle foreste del lontano Oriente o in quelle africane, a cercar denaro o vanagloria. Nulla spaventava le loro baionette né il loro cinismo, non si sono mai fermati davanti a donne e bambini inermi. Le stragi, gli stupri di gruppo non li hanno compiuti le guerre, ma una terribile tipologia umana per la quale l'evento bellico rappresenta l'occasione per far uscire da sé e dalla propria anima il peggior fango: l'odio, la brutalità, la malvagità.

Più che uomini coraggiosi, certi audaci sono stati solo degli insensibili psicopatici.

La maggioranza dei soldati, tuttavia, non avrebbe voluto né fama né onorificenze e nemmeno sfilate nelle pubbliche piazze: semplicemente avrebbe preferito evitare le armi e la morte. Si arruolavano non per scelta ma per fame, come i protagonisti delle opere di Angelo Beolco detto il Ruzante, padre della drammaturgia popolare quattro-cinquecentesca e iniziatore della Commedia dell'Arte. Personaggi come quello descritto ne *Il reduce* rappresentano l'interpretazione più umana e convincente del coraggio inteso come diritto alla paura.

C'è poi chi il coraggio lo trova per strada, non sapendo di possederlo. Si tratta di un carattere molto italico nel quale pavidità, ignoranza e opportunismo si mescolano e, per caso, possono trasformarsi perfino in coraggio. Personaggi come Oreste Jacovacci, interpretato da Alberto Sordi, e Giovanni Busacca, interpretato da Vittorio Gassman, ne *La grande guerra* di Mario Monicelli, sono l'esempio più illuminante di questa qualità. La gran parte degli esseri umani agisce, in situazioni di pericolo, attraverso la paura – e quindi la fuga – in quanto essa incarna la prima risposta istintiva. Si tratta di una specifica forma di selezione naturale, come quella dell'antilope che scappa alla vista del leone. A meno che non ci siano cuccioli da salvare, oppure onore o dignità da difendere. Quanti partigiani e quanti eretici si sono fatti torturare a morte pur di non rivelare luoghi segreti e nomi di compagni o per non abiurare alle proprie idee: spesso non sapevano di essere coraggiosi, ma hanno capito di esserlo al massimo grado proprio nel momento del martirio.

Si tratta, ovviamente, di un'esigua minoranza, gente che scopre di avere dentro di sé la capacità di non soccombere, anzi di trovare la forza di difendere la propria dignità quando è sul punto di calpestarla, di scoprire il coraggio di guardare negli occhi il proprio carnefice, il violentatore, il sadico.

Il coraggio come forma sublime di riscatto dal proprio anonimato, che non significa affatto voler diventare eroi, ma persone che sanno – o meglio scoprono – che nella vita non si può e non si deve sempre chinare il capo di fronte al potere, alla violenza, alla sopraffazione.

Sono persone comuni, semplici, eppure stupefacenti. Il neorealismo cinematografico italiano deve la sua immortalità artistica proprio a queste figure «minori», ma fondamentali: come don Pietro (Aldo Fabrizi) e Pina (Anna Magnani) in *Roma città aperta*, il capolavoro di Roberto Rossellini.

La paura come complemento del coraggio, yin e yang, nero e bianco, notte e giorno. L'uno non esisterebbe senza l'altro, e viceversa.

La forza del coraggio si estrinseca proprio nell'esistenza della paura e nella coabitazione con essa. Il coraggio non è e non può essere un sentimento «puro», ma è sempre contaminato, ibrido, e questo non lo indebolisce, anzi lo tempra. Il coraggio senza paura è propaganda, illusione romanzesca, scarto dalla realtà.

Il coraggio del reale

Il coraggio che rimuove troppo radicalmente il dolore avvelena questo e noi stessi.

MARGUERITE YOURCENAR

Non ci si libera di una cosa evitandola, ma soltanto attraversandola.

CESARE PAVESE

La dimensione del dolore – non parlo di quello che annichilisce, ma della frustrazione, dell'impedimento, della crisi – è, di per sé, una forma artistica. L'arte del vivere ha necessità di seguire questo principio di buon senso. Per creare, l'uomo deve sapere che cosa significa la sofferenza, altrimenti non potrà conoscere il valore della felicità. Per questa ragione la realtà non può essere cancellata dalla virtualità.

Non tutti scelgono di voler vivere pienamente e realisticamente la vita. Molti, oggi, passano il tempo come gli uomini descritti da Platone nel «Mito della caverna»: asserragliati, incatenati nel fondo dell'antro, costretti a guardare le ombre dei personaggi della realtà che è fuori da quel buco orrendo. Scambiano continuamente il vero con il verosimile, eterni personaggi di un «Truman Show», in cui illusione e realtà si mischiano togliendo all'una e all'altra qualsiasi parvenza di credibilità. C'è chi pensa che osservare le ombre della vita sia molto più ansiolitico rispetto all'impatto forte con il reale: si preferisce l'irresponsabilità della finzione alla formidabile bellezza della concretezza.

Media e tecnologie hanno creato un immenso gioco di specchi che deformano e illudono, ma soprattutto distolgono dal compito, faticoso, del quotidiano.

La crisi spirituale che sembra aver nuovamente colpito parte dell'umanità, dopo l'eclissi della ragione e dell'etica favorita da ideologie e da regimi che se ne sono nutriti tra le due guerre, sembra oggi più sottile e per questo estremamente più complessa da arginare.

Una crisi – nel suo significato anche positivo, di crescita, di cambiamento, dunque di speranza – che colpisce le fondamenta delle nostre relazioni, quindi della costruzione della nostra identità individuale e sociale: essa infatti si basa su un equilibrio tra relazioni interpersonali e spiritualità; se questo rapporto si frattura, l'intera impalcatura della natura umana rischia di impoverirsi.

Nel reale della nostra vita non esiste solo il materiale, ma soprattutto l'immateriale, ovvero lo spirito, le emozioni. Solo che la materia consola perché non richiede molto a chi la possiede, mentre lo spirito e le emozioni interrogano e pretendono continuamente una valutazione. Ecco perché spesso si preferisce scandire il quotidiano suddividendolo tra ipermaterico e virtuale: in altre parole, si preferisce delegare la componente immateriale della nostra esistenza a un mondo esterno, al reale.

La sfera emotiva «reale» fa paura a molti. Ci sono genitori che temono le emozioni espresse dai bambini e dagli adolescenti. La psichiatria si è spesso alleata con questa visione pavida e allarmata dell'emotività espressa, facendola rientrare nell'ovile dei disturbi codificati. Recentemente, una ricerca svolta dall'Istituto Mario Negri di Milano ha certificato l'esistenza di un «abbraccio mortale» tra psichiatria e ansie familiari di cui fanno spesso le spese gli adolescenti. Oltre 25.000 sono i giovani che assumono regolarmente psicofarmaci, soprattutto antidepressivi e farmaci per la cura dei deficit di attenzione e dell'iperattività (nei Paesi scandinavi e negli Usa è anche peggio: dieci volte di più).

Non voglio affermare che si tratta, in assoluto, di una malpratica, ma che vi sono troppi casi di eccessi di prescrizione e questo nasce da un problema «culturale»: l'indisponibilità degli adulti a farsi carico dell'inquietudine adolescenziale intesa come turbolenza, esuberanza, ribellione giovanile. Il fatto che vi siano enormi differenze tra un dato regionale e un altro ne è la conferma.

Le pratiche anestetizzanti sono molto comuni oggi: dai pavimenti antitrauma delle scuole d'infanzia all'idea che i nostri giovani siano così stressati e ansiosi da dover lasciare la scuola o fumare cannabis per calmarsi (le statistiche parlano di almeno un terzo dei giovani sotto i 18 anni). Non credo si tratti di nuove forme di patologie mentali dell'età evolutiva, bensì di incapacità a decifrare e comprendere manifestazioni di frustrazione e di dolore. E ciò accomuna studenti, genitori e insegnanti. Si tende a tollerare soltanto la mediocrità emotiva, quella che non prevede sussulti, variazioni, impennate e scivolate verso il basso. Tutto è accettato se lineare, prevedibile e non inquietante.

Il coraggio di accettare la realtà, per quanto scomoda, sembra essere inversamente proporzionale al desiderio di appiattimento emozionale. E su questo si sta componendo una convergenza davvero inquietante tra le generazioni.

Il coraggio del passato

> Il passato è denso di possibilità, vivo e pulsante, almeno quanto il futuro: è come lo si guarda e a cosa si guarda che lo rende fremente.
>
> ALESSANDRO MICHELE

> Ci vuole più coraggio per dimenticare che per ricordare.
>
> SØREN KIERKEGAARD

C'è chi è convinto che l'interessante sia solo davanti a sé, nella dimensione del futuro. Non lo credo. Anzi oggi, inglobati come siamo in una cultura che adora solo la cosiddetta innovazione, è molto coraggioso cercare nel passato qualcosa di illuminante, di eccitante.

A volte, sgarbatamente, bisogna cercare l'innovazione dietro di noi, non davanti.

L'ossessione per il presente e per il futuro è sintomo di una patologia percettiva che, accecando la memoria, impedisce lo studio della nostra identità storica, tanto strategica quanto prospettica.

Uno dei motivi per cui la psicoanalisi è andata in crisi in questi ultimi decenni è legato alla necessità di vivere il «qui e ora», ritenendo archeologia quanto è legato al nostro passato, prossimo o remoto.

Amedeo Modigliani diceva che ogni buon artista dovrebbe essere strabico: possedere un occhio rivolto all'interno di sé e l'altro all'esterno. In questo strabismo vedo non solo la necessaria ricerca sulle e nelle nostre identità (ne abbiamo molte, per fortuna), ma anche un conflitto tra psicologico e sociale. Un dissidio di identità vitale che si basa sul rapporto metaforico tra le radici e le foglie: le prime tendono a progredire inoltrandosi, scavando nel terreno della storia dell'individuo, succhiandone il senso e nutrendolo; le seconde cambiano a ogni stagione, sono più effimere, ma imprevedibili e gaudenti, anche quando arrugginiscono poco prima di cadere.

Ciò che mi rende perplesso nella staticità della ricerca di identità è proprio la ristrettezza della prospettiva, l'aver scambiato l'immensità di una prateria per una ragnatela di tunnel.

La percezione dipende da un'individuale capacità introspettiva: se una persona non conosce se stessa, come potrà pretendere di innovarsi o di progettare? Ma quanti sono portati all'introspezione e quanti sono davvero curiosi di conoscere se stessi? Flaubert, citato da Guy de Maupassant, diceva: «Noi siamo tutti in un deserto. Nessuno comprende nessuno». Mai definizione più efficace della mancanza di coraggio.

Qualcuno penserà che si tratti di autodifesa.

Un mio vecchio amico mi raccontò di un suo amore passato. L'aveva incontrata non so dove, ma lei abitava e lavorava a Parigi. Si conoscevano ancora poco quando lui, insistendo, le dice che vuole raggiungerla per qualche giorno. Lei accetta. Trascorsa una notte di passione, la donna si alza di buon'ora per andare a lavorare, lui rimane solo in quel bell'appartamento. E comincia a guardarsi in giro, spinto da una curiosità irrefrenabile. Rovista, scruta fotografie, osserva piccoli oggetti, fino a quando, di fronte a una scrivania, trova una lettera a lei indirizzata. La legge: è un suo attuale amante. Quando la donna rincasa, lui per un po' finge sorrisi, poi non resiste e dichiara di aver letto la lettera sulla scrivania. Lei, imperturbabile: «Hai trovato ciò che cercavi...».

Ora, chiedo, che cosa è meglio? Sapere o ignorare? I più pavidi sceglieranno senz'altro la seconda opzione, i coraggiosi sanno che è inutile ignorare il passato perché risorge, riaffiora come un fiume carsico alla prima occasione, dato che è il padre del presente.

Il coraggio di conoscersi e di conoscere non è senza rischio, ma è pur sempre migliore di una navigazione a vista.

Il coraggio e la politica

> Odio i cuori pusillanimi che per voler prevedere troppo non osano intraprendere niente.
>
> MOLIÈRE

Conferenza in una bella cittadina del Nordest. Sala affollata, pubblico caldo, clima di complicità. Gli organizzatori hanno chiesto al proprietario di una vecchia osteria, che conosco e adoro, di aspettarci per la cena. Si aggrega anche il sindaco.

Risate, bicchieri di bianco fresco e frizzante, l'immancabile risottino con il radicchio rosso. Insomma, una bella serata che finisce con gioia.

Il sindaco è seduto vicino a me. Iniziamo a parlare dei problemi della città e poi la buttiamo un po' in politica. È stato eletto per la prima volta da pochi mesi in una lista civica.

«Sa come ho fatto a vincere le elezioni?» mi chiede con un sorrisetto sornione.

«Non ne ho la più pallida idea...» rispondo io, con l'aria di chi è costretto a essere interessato all'argomento.

«È successo così. Avevo formato una lista civica, ma non avevo nessuna probabilità di farcela, c'erano due avversari agguerriti, uno era il sindaco uscente. Poi un giorno, girando a incontrare gente, mi sono imbattuto in un comitato, si chiamava "No al cavalcavia". Ho capito che avevo vinto alla lotteria, e mi sono subito fatto portavoce di quel movimento di cittadini.»

«Non mi dica che ha vinto grazie al "No al cavalcavia"?»

«Certo, è stato fondamentale, mi ha dato popolarità, ho creato un legame diretto con i cittadini, che era quello che mi mancava... Solo che dopo, quando sono stato eletto sindaco, mi sono accorto che quel cavalcavia doveva essere costruito per davvero, essendo strategico per lo sviluppo della città...»

La politica ha capito una cosa semplicissima e la sfrutta appena può: i «sì» sono, a volte, complessi, perché vanno spiegati e poi non aggregano; i «no», invece, sono semplici e funzionano come un mastice anche tra persone di estrazione diversa. Quindi i «no» aiutano moltissimo per farsi eleggere, per fare finta di essere dalla parte dei cittadini, salvo poi accorgersi che la politica, la gestione della cosa pubblica, ha bisogno di fare, di decidere anche contro il volere di qualche comitato, di qualche lobby, di qualche gruppo di interessi.

La politica ha bisogno di costruire, di coraggio, di onestà intellettuale, altrimenti è una presa in giro e si trasforma in un boomerang che colpisce chi ha abusato della buona fede degli elettori.

I social network sono, da questo punto di vista, deleteri. I «no» viaggiano a velocità iperuranica, sono perfetti per essere contenuti in un tweet, anche perché non devono essere più che tanto interpretati e la funzione aggregante della rete crea l'illusione del consenso: invece si tratta di un'adesione superficiale, che può trasformarsi in dissenso al primo altro «no». Chi di digitale ferisce, di digitale perisce, verrebbe da dire. E lo si vede negli andamenti ondivaghi e contradditori di una fascia sempre più estesa della base elettorale: cittadini che si sentono attratti e sedotti, per poi essere scaricati quando il voto è stato messo nell'urna.

Ma questa politica non può pretendere di costruire un cambiamento nel medio e lungo periodo: ciò che serve per dare un futuro credibile alle nuove generazioni. È una politica senza visione, vissuta soltanto come opportunità per il «qui e ora». Serve solo per uno scambio di favori, per inventare una carriera a chi non è riuscito a crearsela da solo con una professione. Una politica con il cuore del pusillanime, quello citato da Molière, non è utile a nulla, tantomeno al Paese che dovrebbe servire.

Il coraggio e il suo doppio

Ed elli a me: «Questo misero modo
tegnon l'anime triste di coloro
che visser sanza 'nfamia e sanza lodo.
Mischiate sono a quel cattivo coro
de li angeli che non furon ribelli,
né fur fedeli a Dio, ma per sé fuoro.
Caccianli i ciel per non esser men belli,
né lo profondo inferno li riceve,
ch'alcuna gloria i rei avrebber d'elli.

DANTE ALIGHIERI, *Inferno*, canto III

C'è sempre una filosofia per la mancanza di coraggio.

ALBERT CAMUS

Il contrario del coraggio è l'ignavia.

Il coraggio di vivere e agire non è di tutti, e non da oggi. Il paesaggio dantesco è universale e senza tempo. Un non luogo senza luce, immenso, popolato da sagome urlanti e in incessante, vano movimento: gli ignavi, anime pungolate a inseguire una «insegna», neppure una bandiera, attorniate da sciami di mosconi e vespe, sangue e lacrime raccolti in un tappeto di vermi ripugnanti.

Gli ignavi, anime che in vita non operarono né per il Bene né per il Male, ma optarono di non scegliere per vigliaccheria: hanno vissuto una vita cieca e ora «non hanno speranza di morte», spiega Virgilio a Dante, esortandolo ad andare oltre quella folla in eterna, insensata e disperata agitazione.

Nella vita, ciò di cui necessita l'uomo è il coraggio morale e intellettuale. Occorre credere in un ideale e perseguirlo lungo tutta l'esistenza, per non incorrere nella stessa passiva vuotezza esistenziale che ha caratterizzato la vita in terra di quei dannati, nemmeno degni dei gironi più interni dell'Inferno.

Oggi, l'ignavia ha assunto un aspetto perfino rassicurante, ma non certo meno pericoloso: la neutralità.

In anni in cui le ideologie hanno perduto interesse e autorevolezza, si è diffusa una noiosa cultura del disimpegno, ovvero quel modo di affrontare le scelte della vita iniziando con un «dipende», come mi aveva suggerito al liceo il mio professore di religione, un gesuita molto arguto, potente e beffardo.

Una sorta di odioso relativismo morale che fa credere che una scelta non debba mai seguire un codice etico, ma adattarsi alle circostanze, modellarsi sulle convenienze, accomodare le coscienze. Un cascame indecente, come una vita vissuta disconoscendo la forza morale di dire no, di scegliere, di insorgere.

Tra le immagini della mia prima giovinezza che mi sono rimaste impresse una è davvero indelebile. Era il 1960 e il mondo attonito raccolto intorno alle radio e alle prime televisioni temeva che la «guerra fredda» in atto potesse portare a un'escalation ulteriore creando le premesse per l'inizio di una terza, e ancor più catastrofica, guerra mondiale.

Durante una concitata assemblea dell'Onu, Nikita Kruscev, all'epoca segretario politico del Partito comunista dell'Unione Sovietica, si sfilò una scarpa e la sbatté più volte, vigorosamente, sul banco della sua delegazione. Quella scarpa di cuoio chiaro è diventata simbolo della passione politica che oltrepassa ogni convenzione diplomatica e arriva al cuore della gente, come il gesto arcaico di un contadino.

Ben pochi conoscevano il motivo della protesta di Kruscev, tuttavia è rimasto nella storia del Novecento il suo gesto ieratico per dire no senza i bizantinismi cui certa politica odierna ci ha abituato. Un'icona di coraggio che non conosce schieramenti di comodo, tessiture di ragnatele ipocrite, vaniloqui che portano a comode rendite di posizione e confluiscono sempre nel torrente della neutralità, del disimpegno.

La scarpa di Kruscev ha infranto una regola, ma ha colto nel segno: ha dimostrato che esistono uomini comunque capaci di non abbassarsi alla mediocre neutralità.

L'ignavo dantesco è presente in tutte le epoche, culture e latitudini. È tremendamente umano, eccessivamente umano. Corrisponde al «sei meno» che da ragazzi agognavamo, contenti di averla fatta franca per una volta, salvo poi però, grazie anche a qualche maestro di vita, capire che quel voto era di gran lunga il peggiore che si potesse prendere e dare: corrisponde al nulla, al «vacuum». È il voto della codardia, della mancanza di forza d'animo. In una scuola morale, quel voto dovrebbe essere proibito proprio per evitare che qualche alunno possa innamorarsene e cercarne repliche nella vita.

La scarpa di Kruscev non è mediocre: poteva essere giudicata con un quattro o con un otto, dipendentemente dai punti di vista. Comunque è stata il vessillo contemporaneo di uno *Sturm und Drang* che i giovani di allora hanno compreso, anche se non tutti difeso.

L'ignavia non conosce né tempeste né impeti, anzi li detesta: preferisce la bonaccia del pensiero, il riposo ecumenico della ragione, l'imperturbabilità emozionale.

Il coraggio di immaginare

A vincere senza pericolo, si trionfa senza gloria.
PIERRE CORNEILLE

Senza le illusioni non ci sarà quasi mai grandezza di pensieri, né forza, impeto e ardore d'animo, né grandi azioni che per lo più son pazzie.
GIACOMO LEOPARDI

Uno degli slogan più evocativi della cultura giovanile degli anni Sessanta l'ha coniato Edith Payeux: «potere all'immaginazione» (che qualcuno ha tradotto, rovesciandone il concetto, in «l'immaginazione al potere»). Non c'era nulla di bellicoso in quelle parole, non contenevano un'invettiva, anzi era un'invocazione dolce, affettiva. Lontano dai carri armati delle invasioni contro popoli inermi, si voleva costituire uno spazio libero per sognare e forse anche per un po' di illusione. È stato l'urlo che ha rappresentato la quintessenza della voglia di cancellare il grigiore delle regole quotidiane della burocrazia per sostituirle con speranze di pace e di amore per il futuro. Slogan visionario che ha permesso concretamente a quella generazione, che è anche la mia, di sperare di poter costruire un mondo nuovo e diverso sulle note meravigliose di *Imagine* di John Lennon. Non si chiedeva altro che rovesciare gioiosamente i paradigmi dell'odio, della violenza, della prevaricazione. Si cercava di mettere sottosopra le parole ordinate da padri, professori, padroni: quelli della generazione delle guerre e dei massacri.

Erano gli anni, per dirla con Edgar Morin, della «grande festa della solidarietà giovanile».

E i giovani di allora ci hanno provato. Lo hanno fatto studenti, intellettuali, architetti, urbanisti, scrittori, psichiatri, ma soprattutto tante ragazze e ragazzi, donne e uomini di buona volontà. Rappresentavano una parte dell'umanità, soltanto quella, ma pensavamo fosse la migliore, ci sentivamo parte di quell'immenso bagliore che speravamo potesse illuminare il sentiero, il cammino.

Poi il sogno si è dissolto ed è emerso qualcosa di più realistico e di meno temerario. I visionari sono rientrati in massa nelle loro case e nei loro uffici, l'orizzonte si è improvvisamente avvicinato e impoverito, le emozioni diradate, le urla spente come gran parte delle gioie più forti.

L'immaginazione è divenuta, ben presto, sinonimo di sprovveduta spontaneità, la realtà ha iniziato ad assomigliare a quella spietata del business, degli speculatori di borsa, degli imprenditori senza scrupoli. Le scritte gioiose hanno lasciato il loro spazio sui muri a graffiti incomprensibili, la droga ha assopito le migliori intelligenze e noi abbiamo iniziato a declinare le nostre responsabilità. Decine di film, centinaia di articoli di giornale, di reportage televisivi hanno cominciato a celebrare le regole pragmatiche del mercato, i clamori e le ossessioni, tacendone i costi e le inevitabili e invisibili vittime.

La primavera della gioventù ha lasciato il passo all'autunno della maturità. Poco importava se la prima vera vittima era la nostra esistenza: i nuovi ritmi sincopati e ossessivi, le relazioni slabbrate l'hanno pian piano saturata, avvelenandola come l'ambiente in cui gran parte dell'umanità ha deciso di abitare.

L'immaginazione crea disagio, perché non è prevedibile, la ragione sì. L'immaginazione non possiede regole prestabilite, perché si basa sull'innocenza. L'immaginazione infastidisce in quanto esercizio scomodo e asimmetrico: non segue necessariamente un ricavo, una convenienza, cerca di andare oltre, senza sapere dove. Eppure, senza l'immaginazione l'uomo si sarebbe estinto come i mammut, non sarebbe stato in grado di inventare nulla: non il fuoco, il ferro, la ruota e nemmeno Internet. Tutto comincia dalla curiosità, anche se questa da sola non basta.

La curiosità è come la necessità: fa parte dell'inventario delle cose che servono alla sopravvivenza, poi però occorre la capacità di prefigurare un mondo che ancora non c'è, ed è lì che entra in campo, prepotente e coraggiosa, l'immaginazione.

Un architetto non progetta l'esistente, per fare questo basterebbe un banale software di un qualsiasi computer. Progettare delle case tutte uguali potrà, in certi contesti, essere necessario, ma non significa nulla di eccellente, non aggiunge niente al nostro intelletto, alla nostra fame, ai nostri sensi.

L'architettura è l'arte dell'immaginazione applicata al solido. Un grande architetto, quando scarabocchia su un pezzo di carta, una tovaglia o un pacchetto di sigarette, non sta trastullandosi, ma sta facendo l'essenziale per sé: è l'esercizio dell'immaginazione, esattamente come quello di uno scrittore che all'improvviso si annota una parola che mentalmente stava cercando. Capita mentre si passeggia, si entra in metropolitana, si legge un giornale, si cena o ci si alza presto la mattina. Una ginnastica formidabile che smeriglia il sistema nervoso centrale, e lo rinfresca.

Esercizi d'immaginazione che devono essere insegnati ai bambini. E un asilo è il luogo di eccellenza per perseguire questo obiettivo; ma perché ciò sia possibile, occorre che i bambini vivano almeno una parte della loro quotidianità in luoghi che ispirino tale specifica abilità del pensiero.

Ho sempre pensato che il coraggio sia ciò che si situa tra l'immaginazione e la realizzazione, ma cercavo un esempio per verificare la giustezza di una intuizione. Per farlo sono andato a vedere un luogo che rappresenta, anche fisicamente, questa idea.

Guastalla è un paese nel bel mezzo della pianura padana, 30 chilometri a nord di Reggio Emilia. Terra di gente forte, solida, capace di insorgere, ma anche di risorgere. Qui il terremoto del 2012 ha fatto danni enormi al patrimonio produttivo, abitativo e non solo. Qui si costruiscono cucine d'eccellenza note in tutto il mondo, qui si è abituati a lavorare sodo, ma anche a pensare.

A Guastalla quel terremoto ha ferito gravemente anche una tradizione civile che è parte del tessuto culturale di quella porzione della Padania: l'educazione dei bimbi. Le scosse, infatti, hanno distrutto i due asili e da quel giorno per i bambini non c'erano più spazi agibili e sicuri. Bisognava agire subito, i piccoli non potevano passare più di un anno scolastico nei container.

Non solo una corsa contro il tempo, ma anche una grande occasione per sperimentare qualcosa di nuovo e di straordinario.

Vi arrivo poco prima di mezzogiorno, mi aspettano la direttrice e la sindaca. Orgogliose di farmi visitare questa meraviglia pensata, progettata, realizzata da Mario Cucinella, architetto bolognese, ormai affermatissimo, allievo di Renzo Piano e impegnato ovunque nel mondo in cantieri che hanno una qualità visionaria: l'eco-sostenibilità.

Già l'impatto visivo è emozionante: grandi strutture di legno chiaro che assomigliano a sezioni anatomiche del tronco di una balena. Entrare tra quelle viscere immaginarie è come accedere a una grande favola, una di quelle che riesce a emozionare i bambini, ma anche chi la racconta.

Tra una struttura di legno e quella successiva tutto è di vetro, di modo che cielo e giardino possano fare capolino per i bambini che giocano in spazi enormi e tondi. Non ci sono angoli, ma smussature che congiungono le pareti ai pavimenti, occasioni per arrampicate e scivolate sorprendenti e gioiose. Luogo ideale per allevare piccoli creativi e immaginifici.

Qualche settimana dopo quella visita, incontro Mario Cucinella nel suo studio a Bologna, uno spazio grande come un hangar, pieno di luce e di giovani seduti davanti ai loro schermi. C'è silenzio frammentato da una leggera confusione creativa che suscita curiosità e una sensazione di gradevolezza. Mario mi aspetta puntuale, l'ora del primo mattino inonda di una luce gentile le piante di banani che troneggiano nel bel mezzo dello studio: un miscuglio di ipercontemporaneo ed esotico, geometrico e fantastico.

Ci accomodiamo attorno a un tavolo rotondo, le pareti tappezzate di progetti. Arriva un caffè. Mario sorride, l'aspetto schivo e gentile che possiedono i grandi è il prodromo per una piacevole chiacchierata tra amici.

«Credo di intuire, correggimi se sbaglio, che il tuo lavoro cominci con l'immaginazione. È questa la prima cosa che metti in atto quando devi iniziare un progetto?»

«La prima cosa è assolutamente immateriale, un insieme di pensieri poco coerenti. Parlando dell'asilo che hai visitato, posso dirti che non mi è venuta subito quell'idea, però ho cominciato a provare a immaginare scenari che spesso sono anche segmenti, frammenti. Un progetto non è una cosa così unitaria.»

«Fermiamoci all'esempio dell'asilo di Guastalla. Ti ricordi la prima immagine che ti è venuta in mente?»

«Ce n'erano due che abbiamo messo insieme. La prima riguardava il rapporto con il paesaggio, con la regolarità. Mi dicevo: "Secondo me, questo asilo dev'essere una cosa che si ripete, come sono ripetitivi i pioppeti". Non era ancora un edificio, però era un'idea che andava forse scandita, dovevamo trovare un ritmo. Perché nelle cose della pianura c'è un ritmo, i grandi boschi di pioppi sono una forma di regolarità, una geometria. Penso sempre che ce le abbiamo negli occhi, quelle cose, magari non le vediamo consciamente però appartengono alla nostra vista. L'altra è quella di immaginare uno spazio non convenzionale. E mi veniva in mente l'asilo che avevo frequentato da bambino a Piacenza. La mia immaginazione era compresa tra queste due figure, questi due flash; quasi delle sinapsi che si risvegliano e mi riportano all'asilo dove ero stato io cinquant'anni fa. E mi sono chiesto: perché mi viene in mente questa roba? Perché mi ricordava il riposino a braccia conserte, un'idea devastante... però quelle vetrate, quella luce così intensa, quelle porte, quel giardino...»

«Com'era il tuo asilo di cinquant'anni fa?»

«Ho scoperto che era stato progettato da Giuseppe Vaccaro, un giovane architetto modernista che aveva disegnato un asilo come un cerchio con due piccole aule di cui ho una memoria molto precisa. Mi ricordo questo muro bianco...»

«Un asilo costruito nel dopoguerra o prima?»

«Nel 1957, e perciò, quando l'ho frequentato, era appena stato inaugurato. Mi dicevo: "Ma se io me lo ricordo ancora, vuol dire che la memoria dei luoghi in cui crescì rimane per sempre". Gli edifici non si muovono, però viaggiano nel tempo e nella memoria. Quell'associazione emotiva mi ha fatto capire quanto fosse importante trovare uno spazio che avesse anche un impatto forte sui bambini, perché così l'immagine che avremmo creato se la sarebbero portata in giro per tutta la loro vita, sarebbe rimasto impresso nella memoria quel legno, l'idea della balena, uno spazio non convenzionale, non "vado all'asilo e ho la mia stanza con la finestra", ma "entro in uno spazio che non avevo mai neanche potuto immaginare". Questa cosa mi aveva fatto riflettere sull'idea di cominciare a pensare un luogo che non fosse funzionale, almeno non solo. Ho provato a viaggiare dentro a una storia come quella di Pinocchio: un'avventura dell'immaginario. Ho pensato che l'asilo dovesse essere la traduzione di un'idea narrativa, del viaggio immaginifico di un libro che però lì si concretizzava in uno spazio, che poi è la cosa più difficile di questo lavoro. Ci siamo detti: "Proviamo a pensare uno spazio articolato nel ritmo e in una disposizione non convenzionale dei vani per vedere che reazione avranno i bambini nel guardare una stanza, perché potrebbero anche pensare che non sia una balena, ma il ventre di qualche altro essere vivente". Era bello lasciare a loro quello spazio interpretativo.»

«In questo processo in cui immagini di immergerti, dov'è che si situa la parola "coraggio", dove fa capolino?»

«Il coraggio, in questo mestiere, è anche in una piccola dose di incoscienza perché, come sai, l'architettura è la trasformazione di una cosa immateriale in una materiale. È un percorso complicato in sé, insidiato da mille burocrazie. Il coraggio è avere la forza di tenere ferma l'idea primaria e non fartela spacchettare dal sistema normativo, dalla realtà delle cose, dalla costruzione, dai tecnicismi. Il coraggio è tenere fede all'immaginario.»

«Quindi, nel coraggio c'è una dose di resistenza...»

«C'è una grande dose di resistenza. Ogni volta che cerco di realizzare un progetto, devo avere il coraggio di non dimenticarmi che la cosa più importante è l'immaginazione, e che le norme, i sistemi costruttivi, sono fatti per ridimensionare quella capacità di progettazione astratta, mentre devi imparare a usarli come strumenti perché l'idea primaria rimanga viva. E non è semplice, ci vuole coraggio, perché in questo processo tutti ti tirano la giacca, tutti prendono la tua immaginazione e cercano di riportarla a terra. E la tua idea originaria, pian piano, rischia di consumarsi. È come se tu prendi un'idea fantasiosa e poi qualcuno, gradualmente, cerca di renderla concreta, ma in questo percorso la banalizza. Il nostro coraggio è seguire le intuizioni, avere la forza di sostenere le idee iniziali, non farsi sconfiggere. Perché, poi, noi lavoriamo nella realtà delle cose. Quindi il coraggio è anche non aver paura, perché fa paura immaginare uno spazio.»

«Che cosa ti fa paura nel momento in cui stai immaginando uno spazio?»

«Noi lavoriamo sempre in una dimensione immaginaria. Facciamo un disegno e quello racconta una storia. Il coraggio è tener fede a quel disegno e non perdersi lungo il percorso. Hai bisogno di trattenerlo, come se tu fossi il garante del fatto che quell'idea arriverà fino in fondo. E ci vuole una certa dose di coraggio a non farsi impressionare dalle difficoltà. Questo è un mestiere che ho imparato facendolo e ho capito che sei anche l'unico che può avere il coraggio di tenerlo, il tuo immaginario, fino alla fine. E i tuoi clienti, dopotutto, ti chiedono proprio questo: di mantenere forte il coraggio di arrivare fino in fondo e di non farsi troppo influenzare. Alla fine, quello che conta – come nell'asilo di Guastalla – è arrivare al termine con l'idea originaria.»

«Una sorta di coraggio donchisciottesco...»

«Mettiamola così: ci vuole il coraggio di non aver paura di arrivare fino in fondo. Questo è il problema, non aver paura. L'architettura fa paura. Anche in progetti più complessi si tratta sempre di un viaggio verso qualcosa che ancora non c'è. Però, quando hai paura è anche una maniera per reggere forte quello che stai facendo. È come la gioia. Sono sentimenti che ti aiutano, ti difendono. Ma alla fine capisci che il valore di quello che stai facendo è proprio l'immagine che hai avuto all'inizio, quel piccolo momento magico che non sai da dove viene. Però viene fuori, e fa paura. Poi la governi, la curi, la coltivi, anche se una parte del lavoro creativo non la riesci mai a giustificare razionalmente. Alla fine c'è un "tac", viene fuori questa cosa e va presa e trattenuta con grande energia.»

«È una magia che non viene a tutti.»

«Quello, però, è l'inspiegabile della vita, è la cosa più bella del mondo.»

«In questo c'è anche una consapevolezza, o no? Il tuo coraggio. Tu hai imparato a fare l'architetto lavorando, confrontandoti, sapendolo fare...»

«Anche prendendo un po' dagli altri, quelli che ti fanno capire che cosa vuol dire questo lavoro. Il Maestro, Renzo Piano, mi ha insegnato che bisogna tener duro.»

«Però il coraggio, questo *work in progress*, come evolve? Mi viene da pensare che il tuo coraggio iniziale era una cosa diversa da quello che avrai la settimana prossima quando ti chiederanno di fare un nuovo edificio. In che modo si è evoluta questa parola dentro di te? Cioè, detta in altri termini: oggi pensi di avere più coraggio?»

«Sì, penso di avere decisamente più coraggio, perché so che quel percorso mi aiuterà ad arrivare fino in fondo. Forse, all'inizio, il coraggio è anche un po' una spinta inconscia, perché hai la voglia, il desiderio di fare quelle cose, e ti lanci dentro quest'avventura dell'immateriale che si deve trasformare in materiale.»

«Il che significa che, all'inizio, ciò che conta è anche un po' d'incoscienza.»

«Il viaggio dentro l'architettura è un percorso nella nebbia: inizi, ma non vedi la fine. Le cose appaiono piano piano, finché poi la nebbia si dirada ed esce fuori il tuo lavoro. Però bisogna anche avere il coraggio di farlo, quel viaggio, dentro quella nebbia. Che poi è la parte più bella: scoprire cosa sta venendo fuori attraverso il lavoro, l'idea, scavare dentro se stessi per capire cosa stai cercando. Negli ultimi anni la cosa che mi piace di più e che mi dà più serenità è cercare dentro me stesso: perché prendo quella strada lì? perché lo faccio così? perché mi è venuto fuori così? Quindi, coltivare anche l'ansia che hai nel fare le cose è parte del coraggio.»

«Mi stai dicendo che, a questo punto della tua navigazione, il coraggio è più forte, c'è più consapevolezza.»

«C'è un po' meno timore e meno incoscienza. Dopo essere stato da Renzo Piano, che era un treno ad alta velocità con dentro le cose più belle del mondo, ho deciso di andare via: prendo un ufficio, apro la porta e non c'è nessuno. Ci vuole una certa dose d'incoscienza per fare un salto così. Volevo esplorare qualcosa che non conoscevo. Quella cosa che non conosci a qualcuno fa paura e a qualcun altro dà l'adrenalina.»

«Quindi il coraggio, in quel momento fondamentale della tua vita, è stato anche il coraggio di distaccarti?»

«Sì, il coraggio di distaccarsi per la semplice ragione che sentivo il bisogno di iniziare quel viaggio nelle cose che non avevo. A me piace fare una cosa che non so dove mi porterà. È un po' il viaggio di Cristoforo Colombo, che prende il mare senza neanche sapere cosa c'è dall'altra parte, però alla fine è quel viaggio che ti costruisce la tensione per arrivare in fondo. È chiaro che, per me, il "laggiù in fondo" non significa soltanto il disegnetto tecnico, ma è fare in modo che poi l'edificio sia finito. Non immaginavo la felicità della gente quando ho finito quell'"arca di Noè" a Guastalla. Io faccio un mestiere difficile, però, quando vai là e le famiglie sono felici, i bambini sono felici e le mamme ti vengono a salutare, io mi dico: "Ma questo è veramente il mio mestiere, attraverso questo percorso abbiamo trasmesso un'emozione così forte". È la cosa più bella. L'asilo, poi, è particolare perché ci sono le famiglie, i genitori. Quando lascio un edificio, non torno quasi mai a vederlo, perché non è più mio, ma degli altri. Finché lo faccio è mio, finché lo seguo è mio, ma il giorno in cui lo inauguro, è diventato di tutti. E questa è la cosa più bella, è come un figlio che, alla fine, lasci andare nella vita. La gente ci abita, fa le cose, ci va a scuola. Quel momento è forse quello in cui il percorso finisce: tutta la tensione, l'immaginazione, il lavoro, tutto finisce il giorno in cui si consegna. Quel giorno a Guastalla ero veramente turbato, perché non immaginavo che il mio lavoro potesse generare tanta emozione.»

«E questa emozione ti dà ancora più coraggio...»

«Questo ti dà più coraggio nel credere che forse quello che stai immaginando ha un senso, perché non è così semplice pensare una cosa e trasportarla nel tempo. Ci vogliono anni per arrivare fino in fondo a un progetto. La tenacia è un elemento determinante. L'architettura la pensi, la devi trasformare, la devi costruire. Sono percorsi lunghi, quindi ci vuole tenacia, ci vuole il coraggio di andare avanti, di non mollare mai. Però, poi, c'è un momento in cui questa creatura prende il volo e va per i fatti suoi, e la gente si appropria delle tue cose: l'idea che diventi autonoma è di una bellezza straordinaria, perché alla fine sai che c'è della gente che ci vivrà, che ci costruirà una memoria. Chissà, magari questi bambini fra trent'anni si ricorderanno del loro asilo, della loro balena. Vuol dire che gli hai lasciato qualcosa. È un'emozione bellissima, che ti dà anche la forza di dire che sono sfide straordinarie perché, alla fine, è ciò che ti appaga di più: arrivare fin lì e abbandonare queste cose nella vita degli altri.»

«Credo che ciò abbia a che fare con l'adrenalina che serve all'immaginazione. L'autostima di cui parli diventa poi anche una necessità, per essere all'altezza delle tue stesse aspettative nei confronti del prossimo progetto, per ardire di più? O è una parola sbagliata?»

«No, non sbagli. È chiaro che, almeno dal mio punto di vista, a mano a mano che prendi consapevolezza delle tue capacità e anche della possibilità di spingerti sempre un po' più in là accresci le tue aspettative...»

«Una fiducia in te stesso che può portarti anche oltre...»

«Sì, però la fiducia che prendi quando cominci a capire il processo cui stai lavorando ti serve anche per andare oltre a quello che il cliente ti chiede, perché non tutti vedono quello che vedi tu, quindi devi anche aiutarli. È come uno che suona il violino: è dieci anni che lo fa otto ore al giorno, poi prende una tale dimestichezza con lo strumento che alla fine diventa lui lo strumento. Non è più solo un fatto tecnico.»

«Però, poi, c'è un momento in cui dici: "Mi devo confrontare con Paganini, e non con la musica di Natale". Insomma, entra in gioco qualcosa che si chiama ambizione.»

«Certo che c'è di mezzo l'ambizione, che significa anche cercare di dare un contributo in un particolare momento storico, chiedendosi: "Stiamo lavorando nel nostro tempo? Stiamo dicendo qualcosa che non è banale, che non è già stato detto?". Perché, alla fine, l'architettura aiuta a capirlo, il proprio tempo, no?»

«Il che significa avere coscienza della tua responsabilità sociale.»

«Certo che me la sento, una responsabilità fortissima, perché gli architetti fanno degli errori che rimangono evidenti. Wright diceva: "I dottori seppelliscono i propri errori". Invece ciò che facciamo noi sta su, purtroppo. Quindi, bisogna anche sentirsela addosso quella responsabilità; sai di doverti dire: "Attenzione, perché poi questa cosa può generare una grande bellezza, un grande piacere, oppure un grande disagio". La consapevolezza è un motore che porta a spingerti sempre un po' più in là di quello che vorresti, perché alla fine sai che quella spinta è necessaria perché il risultato non sia banale.»

«Pensi mai che a Guastalla, o in qualsiasi altro tuo cantiere realizzato, un giorno possa passare un giovane e, guardando ciò che hai fatto, trarne ispirazione, e non perché farà l'architetto, ma in quanto vi trova coraggio? Anche questa è una responsabilità sociale, non trovi?»

«Sai quanta gente mi scrive dopo che ha visitato gli edifici? Ti scrivono i giovani architetti che dicono: "È stata una cosa bellissima andare a vedere, grazie per averlo fatto". Lo vedo nei ragazzi, studenti o giovani architetti, che fanno una gran fatica, ma che di fronte al risultato del mio lavoro ricevono un'iniezione di coraggio per il solo fatto che qualcuno è riuscito a farlo.»

«E tu pensi che questo possa anche accadere al filosofo che passa di là...»

«Esattamente come accade anche il contrario. Noi, alle volte, pensiamo solo alle cose grandi, invece c'è un lavoro sui dettagli, sulle piccole cose, che è fondamentale. È una forma di coraggio anche questa, no?»

«Quindi, nella costruzione, nella fabbrica dei tuoi progetti, questa provocazione arriva...»

«Certo che arriva.»

«Cioè senti il dovere di avere coraggio, di osare qualche cosa di più.»

«Sì, perché alla fine quel coraggio – che è sempre una gran fatica – da una parte è inconscio, dall'altra lo devi coltivare, dargli sostanza, perché nel tempo vedi anche il risultato di quel coraggio, quanto è stato importante possederlo.»

«Per finire, che rapporto c'è tra coraggio e noia?»
«Dentro un percorso così lungo come quello dell'architettura è inevitabile che ci siano dei momenti di noia.»

«Cioè tu, a un certo momento, ti annoi. Ma perché accade? Perché devi rifare delle cose che hai già fatto?»
«Tu hai un'idea, l'hai immaginata, la vedi già, è una cosa che sai già bene come fare, e poi hai tre anni di piccoli adempimenti che non finiscono mai e che diventano anche pericolosissimi, perché è un percorso lungo e insidioso, dove rischi di diluire quel coraggio, quell'energia, quella passione.»

«Quello è il tuo nemico...»
«È un nemico molto pericoloso.»

«Però, puoi annoiarti anche di te stesso. Ti capita mai?»
«Alle volte provo anche un po' di piacere per la noia, perché vivere sempre sotto pressione è faticoso.»

«No, io intendo se in certi momenti ti è mai capitato di dire: "Questa roba l'ho già fatta", cioè di annoiarti di ciò che fai, e se questa noia, in qualche modo, possa diventare un volano per ritrovare nuovo coraggio.»
«La noia è legata al momento in cui non hai il coraggio di fare una cosa nuova. Capita che nella fatica quotidiana tu debba dare una risposta e la dia poco coraggiosa. In quel momento provo grande disagio – non so se la chiamerei noia – perché in alcuni progetti non abbiamo avuto abbastanza coraggio e abbastanza energie.»

«Però, se la noia fosse una spia che si accende sul tuo cruscotto e comincia a lampeggiare, se ti aiutasse per dire "guarda che ti stai uniformando, ti stai banalizzando", sarebbe utile.»
«In questo momento non sta succedendo spesso, forse perché siamo in un periodo di grande energia, di spinta.»

«Ma sai che c'è, magari è dietro l'angolo.»
«Sì, perché sai che c'è un luogo tranquillo in cui fare una cosa che puoi fare, dove non hai bisogno di spingere, perché alla fine non stai facendo una gran fatica né un grande sforzo. E quello è uno spazio molto insidioso. Lì si nasconde la trappola.»

«Quindi, il coraggio è anche nello scartare...»
«Scartare quella facilità che potrebbe essere di maniera, troppo facile da fare. E quell'insidia è sempre lì.»

«Nella tua mano sinistra.»
«Sì, è sempre molto pericolosa. Ma qui dentro, in questo studio, c'è anche l'antidoto. È un'energia pazzesca. Questo è un lavoro che non puoi fare da solo. Io l'ho fatto per gli altri, ho sputato sangue, e capisco tanti anni dopo perché è importante avere dei ragazzi intorno che sputano sangue. Se non ci fossero stati loro, sicuramente non ce l'avrei fatta.»

«Però auspichi anche che questi ragazzi, prima o poi, facciano quello che hai fatto tu con Renzo Piano.»
«Ma certo, ci sono ragazzi che hanno avuto il coraggio di andarsene. E anche Renzo, quando sono andato via... Lui non voleva, perché c'era anche un rapporto affettivo, ma mi diceva: "Io non posso tenerti qui se non vuoi, se vuoi fare la tua strada...". E mi ha aiutato anche a prenderla, dandomi un po' di lavoro, perché alla fine lui lo riconosce che c'è un momento in cui devi andare. Punto.»

«Sono pochi i maestri così.»
«Non lo so, lui è così. Sai com'è fatto Renzo... A lui fa piacere che io abbia preso la mia strada e che, tutto sommato, me la stia costruendo abbastanza bene. Anche grazie a lui, perché alla fine questo mestiere lo devi rubare un po' anche agli altri.»

«E lui, come maestro, ti ha insegnato il coraggio?»

«Beh, era difficile stare con lui. Sai perché sono andato via? Perché trovavo che era diventato troppo facile, perché lui è un genio, tu ti siedi accanto a lui e diventi anche tu un piccolo genio, perché lui trasforma il momento fondamentale del fare una scelta in una cosa naturale, e poi i percorsi scorrono via facili. Dà un'idea, fa uno schizzetto, tic tic tic, così, hai capito tutto e vai. E però quel momento, quel tic tic tic, è la scintilla fondamentale che fa la differenza. Ma se la fa sempre lui, dopo un po' ti sembra che sia tutto facile. E io, a un certo punto, mi sono chiesto, non certo per antagonismo: "Ma sono sicuro di essere capace anch'io di fare il mio lavoro o sono così bravo perché sono vicino a lui che è così bravo?". Quindi sono andato via per cercare, mi sono preso il rischio.»

«È questa la lezione di coraggio del maestro?»

«Quello che ho imparato, che non avevo capito, è la tenacia, il fatto che, alla fine, lui era quello che sapeva cosa bisognava fare. Questo, secondo me, è un po' il ruolo di un maestro: sa quello che bisogna fare, e questo ti dà serenità, tranquillità.»

«E per avere quella tenacia ci vuole molto coraggio...»

«Ci vuole molto coraggio: se non ci credi, non ce la fai. Il coraggio è crederci. Perché non ci credono mica tutti alle cose che fanno. Per me quella lezione è stata fondamentale, e mi sono detto: "Se ci credo, vado fino in fondo", con la tenacia, i rischi, le paure: c'è tutto lì dentro. Renzo è uno che trasmette questo: lui ci crede. Non è facile, perché è insidioso, è uno spazio sconosciuto. Mi ricordo quando abbiamo fatto lo stadio di Bari. Lui fece così: tac tac, questo qui è lo stadio, è finito, eccolo lì, basta, il resto è lavoro. In quel momento, anche lui che fa quel progetto, probabilmente lo immagina e sa quanto ci deve credere perché non te lo trasformino in una cosa fatta un po' così. Tutti lavorano contro, però il fatto che lui ci creda è la tua guida. È come quando vedo un direttore d'orchestra che tiene insieme tutti quei musicisti, straordinario...»

«Però, anche tu qui hai un'orchestra.»

«Sì, certo, ho un'orchestra. È anche molto terapeutico stare con tutti questi ragazzi, perché ti obbligano a spingerti nel rapporto quotidiano.»

«Quindi, in un certo senso, ti curano...»

«È una forma di cura psicologica fortissima. Perché io, di natura, sarei un pigro, uno a cui non piace stare in mezzo alla gente, sono molto schivo, mentre loro mi obbligano a fare tutto quello che io da solo non farei. Per me è fondamentale. Di natura, non sono uno che va volentieri al confronto. Anche questa è una maniera per tenere viva la relazione fra creatività e coraggio, che poi è come un muscolo: a forza di esercitarlo funziona meglio. Ho fatto 273 progetti in questi vent'anni, vuol dire che ne abbiamo fatti più di dieci all'anno. È un esercizio di spinta, di tirare fuori tutto, anche i progetti che non andavano bene. Dopo aver lasciato l'ufficio di Renzo, per tre anni ho fatto solo concorsi e li facevo anche con voracità, perché dovevo far uscire tutto quello che avevo imparato. Perché Renzo è contagioso: impari a fare come lui e diventi come lui? No, non è questa la strada. Devi sputar fuori tutto per trovare la tua essenza, la tua anima. Ho fatto una fatica enorme, in un ambiente così competitivo sputare fuori tutto è faticoso. Però dico ai ragazzi: "Esercitatevi a fare i concorsi, anche se non vanno bene, perché non si perde mai niente; non vinci un premio, ma non hai perso niente, perché hai costruito una riserva, un ambito creativo che magari, dopo dieci-vent'anni...". Sono tutte quelle cose che ti vengono fuori, ti rimangono e formano sinapsi dalle quali un giorno, non sai perché, viene fuori un'idea. È un lavoro, un esercizio quotidiano. È il coraggio...»

Il coraggio, la solitudine, il dolore

Il vero coraggio è quello delle tre del mattino.

NAPOLEONE BONAPARTE

Il mondo spezza tutti, e poi molti sono forti proprio nei punti spezzati.

ERNEST HEMINGWAY

C'è un momento nella vita in cui anche ai più valorosi è sembrato che il coraggio fuggisse, si dileguasse, svanisse. E che li lasciasse improvvisamente soli.

Sono le albe tragiche della vita. Quelle in cui si accumula la terribile angoscia, in cui i problemi si amplificano come un'eco in una valle smisurata e buia.

L'ora in cui tutti dormono, la casa è piena di ombre e anche la città, oltre le tue finestre. E pensi che «quella roba lì» ce l'hai soltanto tu e, pur arrovellandoti, non trovi nemmeno un briciolo di luce, di ristoro, di pace. Tutto si complica nel cielo sopra di te, affollato di nuvole minacciose, gonfie di lutti: la paura sembra improvvisamente scontata. Vorresti spalancare una finestra, ma sai che quell'aria non ti aiuterebbe a respirare.

Non vuoi svegliare nessuno, non servirebbe se non a rimandare a una prossima notte, quando sarai di nuovo solo ad aspettare, steso sulle lenzuola del tuo letto diventate improvvisamente soffocanti e umide, l'indesiderato appuntamento, i conti con te stesso. In quell'istante anche il cuore ascolta il proprio silenzio.

Ci sono momenti nella vita in cui la solitudine è incommensurabile, spietata. Non sei solo, ma ti senti infinitamente e irrimediabilmente solo.

Il tuo cruccio si traveste da fantasma e rincorre i tuoi pensieri cupi, amplificandoli.

Ci vuole molto coraggio ad ammettere che non ne hai affatto, che tutto è inutile in quella sterminata alba della tua vita. Che il coraggio è ciò che hai lasciato, ancora fresco e vitale, fuori dalla porta di casa e che non è stato capace di seguirti, di salire le scale della tua intimità e soccorrerti.

Ti rendi conto, proprio in quell'istante, che il dolore non contiene più il tuo coraggio, o almeno di questo ti sei convinto, in quell'ora disonesta della notte.

Conoscono bene queste parole i malati, gli sventurati d'amore, gli abbandonati, i maldestinati. Reagiscono così quanto meno hanno coscienza di ciò che li fa soffrire e di cui non riescono a definire i contorni. La ragione spesso è un conforto, mentre l'angoscia si nutre di debolezze, delle più vili fragilità.

Conoscono bene queste parole quelli che hanno attraversato vigili quell'ora crudele, tesa come un tranello. E tutto sembra acuirsi, oltre la percezione della propria disperazione, dei sensi, oltre il baratro della coscienza. Tutto appare esasperato o indebolito: i suoni fievoli come fruscii in un bosco senza luna, le ombre, la sensazione di una coperta inspiegabilmente pesante o ruvida, il sapore amaro della bocca, il formicolio fastidioso delle falangi.

Tutto appare incongruo, scucito dalle lontane certezze. È la sensazione dell'abbandono che nessuno avrebbe mai pensato di provare.

Poi giunge l'alba, una flebile luce rosata filtra senza permesso tra le tende, sotto la porta. Chi dormiva prova a muoversi, ancora intorpidito. Anche nella città sta avvenendo la manovra lenta, inesorabile del risveglio. E pian piano si comprende che non tutto, forse, è per sempre.

È l'ora più difficile da raccontare, il più delle volte rimane dentro, sopita. Il coraggio, quello di alzarsi e riprendere il filo delle cose, ritorna, quasi scusandosi di averci lasciati soli nel momento più difficile.
E ci illudiamo che non ci abbandonerà più.

C'è poi un dolore che rende coraggiosi. Capita a persone che mai si sarebbe pensato in grado di scovare, dentro loro stesse, risorse così straordinarie. Ho conosciuto malati terminali che si trasformano, attaccandosi alla vita come mai avevano fatto prima. Capaci di rallegrarsi per una minuscola gioia, per un sorriso che nulla cambierà della loro sorte, ma che c'è e vogliono goderselo. È il dono inaspettato e stupefacente della vita, che riesce a trasformare un uomo in un eroe di se stesso.

Il coraggio del silenzio

> Non credo nel destino, ma negli appuntamenti.
>
> FERNANDO PESSOA

Il coraggio non richiede toni forti, si nutre a volte di sobrietà. Se fosse musica lirica, si potrebbe dire che il coraggio possiede un suo «sottovoce». È una forma convincente e virulenta, assai più di quella altisonante delle gesta ridondanti che attirano l'attenzione di molti.

Esiste una speciale creatività coraggiosa che non comunica, se non sommessamente.

Li ho conosciuti entrambi, separatamente.

Di Gianni avevo sentito parlare dal mio maestro, Franco Basaglia. Si erano conosciuti in occasione di uno dei libri più sconvolgenti di quegli anni, *Morire di classe*, pubblicato da Einaudi nel 1969.

Franco, consegnato in un manicomio di confine – quello di Gorizia –, aveva intuito che, per vincere la battaglia per la chiusura degli ospedali psichiatrici, bisognava convincere. La gente, l'opinione pubblica, non gli addetti ai lavori. Gli psichiatri avrebbero continuato a contrapporsi, avrebbero negato la verità, avrebbero proseguito nel difendersi l'un l'altro. E i manicomi sarebbero rimasti, cattedrali del silenzio, vicino a noi tutti, lambendo l'ipocrisia delle nostre coscienze. E i matti avrebbero continuato a vivere e a morire segregati dalla ragion medicale, chiusi nei loro sgabuzzini maleodoranti, legati ai letti della disperazione.

Aveva bisogno di convincere, Franco Basaglia, e ci voleva un grande coraggio per scegliere di stare dalla parte dei derelitti e andare contro tutti gli altri: psichiatri, accademici, benpensanti, conservatori di ogni specie. Per questo pagò sulla sua pelle un'ostilità manifesta agli esordi, e subdola dopo la celebrità internazionale.

Ma per convincere l'opinione pubblica doveva scegliere un linguaggio comprensibile a chiunque, che non si prestasse a interpretazioni di parte. E cosa c'è di più chiaro di una fotografia per documentare un genocidio?

Lo avevano fatto i fotografi americani della Farm Security Administration, cui il presidente Roosevelt chiese di documentare la «grande depressione americana» degli anni Trenta, in particolare la straordinaria Dorothea Lange che con la *Migrant Mother* compose il documento fotografico più emblematico e perturbante di quegli anni: uno scatto che ha commosso e convinto più di qualsiasi politica presidenziale.

Continuarono a farlo altri fotografi con l'esercito americano che aveva liberato i detenuti dai Lager nazisti, lo hanno fatto decine di altri, da Frank Capa a Raymond Depardon a Romano Cagnoni, in tutte le orrende guerre del Novecento.

Basaglia sapeva che solo trovando il coraggio di documentare poteva denunciare la verità che secoli di reclusione avevano taciuto. Sapeva che occorreva trovare qualcuno capace di dimostrare cosa significava un crimine di pace, l'ignominia. Non sarebbe stato necessario commentare, chiosare, nemmeno definire, aveva bisogno del coraggio di un fotografo: perché uno scatto, quello scatto, avrebbe significato indignazione, e quell'uomo confuso nei reparti dell'orrore avrebbe urlato la parola «dignità».

Quel fotografo è Gianni Berengo Gardin, testimone di quei miasmi d'umanità, un arcangelo redentore che indica senza timore ciò che molti occhi umani avevano rifiutato di vedere. Per convenienza, per viltà.

Non potevo sapere che la mia carriera psichiatrica sarebbe iniziata proprio con quegli scatti, con quella voglia di svelare l'orrore.

Un anno dopo la morte di Basaglia, organizzai una mostra fotografica a Roma, a Palazzo Braschi, *Inventario di una psichiatria*, chiedendo ai più grandi fotografi di contribuire, mettendo a disposizione le loro foto dei manicomi e della follia. Agli scatti memorabili di Diane Arbus, Richard Avedon, Raymond Depardon, si erano uniti quelli di Berengo Gardin, Carla Cerati, Uliano Lucas, Luciano D'Alessandro e altri, a formare un unicum che non concedeva allo spettatore altro che un sentimento d'indignazione per ciò che l'uomo era stato capace di fare contro l'uomo.

Di Adolf Vallazza avevo saputo frequentando una galleria d'arte a Bolzano, la «Goethe», all'epoca ospitata in un edificio sobrio e maestoso nel centro della città. Ero alla ricerca dell'opera di Karl Plattner, artista che ho molto amato nella mia gioventù. Cercavo Plattner e ho incontrato Vallazza. O meglio, i troni di Vallazza.

Come un bambino che fosse inciampato all'interno di una fiaba, ero rimasto incantato da quelle magiche costruzioni di legno. Da quella maestà minore, da quelle forme fantasmagoriche. Chiesi di lui alla proprietaria, mi disse del suo studio a Ortisei.

Con l'opera d'arte ho sempre avuto un atteggiamento di seduzione lenta. Come un ozioso ruminante, ho bisogno di far scorrere, con il pensiero, immagini e tempi, per poi lasciarli decantare e riprendere quando meno me l'aspetto. Finché, un giorno a caso, decisi che era venuto il tempo per incontrare Adolf, la sua arte, nel suo paese. Non avrei mai voluto conoscerlo altrove, tantomeno nei luoghi ovattati dei mercanti. Sapevo che lui era il suo legno, era l'odore del cirmolo e dell'abete, era la collezione di ferri e di pezzi di tavole raccattate da vecchi contadini e usate per stalle e ovili. Un'epoca di fatica e di maestria, di natura e di sublime materia. Ma un'epoca di diverso coraggio, quello della memoria innestata con la creatività.

E Adolf era lì, proprio come lo immaginavo, sorridente e solitario, abile e immune dalle lusinghe dei galleristi. Costruito di una strana, dolce, solerzia.

C'era il sole, quel giorno, anche se non ricordo esattamente che stagione fosse. La luce aiutava, obliqua, a tagliare sculture, troni, totem.

Le sue mani accarezzavano quella materia calda e allisciata come la pelle di una donna non più giovane, ma ancora seducente. La sua voce appena percettibile, placida come un torrente estivo, m'insegnava il percorso, il suo magnifico viaggio professionale, la sua passione e riconoscenza per tutto ciò che ha accompagnato la sua esistenza: le montagne, i boschi, il mondo contadino e quello delle favole.

Mi sono imbattuto in una sedia a dondolo. La seduta rossiccia, i lati spessi e sagomati da uno gnomo delle foreste. Non un chiodo, solo perni esili e forti. Non simmetrie moderne, ma forme antiche capaci di dondolare davanti a un camino acceso e odoroso. Non potevo resistere, lo sapevo, e anche Adolf lo sapeva. Anche quella sedia stanca di oscillare lo sapeva.

Qualche settimana più tardi me la portò lui stesso, assieme a una scultura e a un trono, con il suo vecchio pulmino Volkswagen fin sotto casa a Trastevere.

Credo che la vita non ti faccia incontrare oggetti e persone, ma siano gli oggetti e le persone che ti vengono a cercare, soprattutto se hanno la dote silenziosa del coraggio. Così è stato per le mie molte vite, così è stato con/per Gianni e Adolf.

E credo che anche per loro abbia funzionato allo stesso modo: non potevano che cercarsi e incontrarsi, non avevano scampo. Perché ambedue amano il silenzio dorato della contemplazione commisto allo sforzo dell'ardimento. Il bianco e nero dei sentimenti e delle emozioni: o ci sono, e sono totali, oppure svaniscono.

Entrambi hanno molti anni, ma non moriranno mai; come i sogni, come le comete, vivranno altrove.

Tra loro s'intreccia, e lo si vede mirabilmente nelle fotografie che Gianni ha fatto a Adolf per oltre quarant'anni, l'amicizia e la confidenza artistica come la paglia di una sedia di cucina: ognuna per sé, ognuna per l'altra.

Gianni fotografa l'opera di Adolf trasformando il legno in un atterraggio lunare, gobbe, nodi, affossamenti, striature come vene di un corpo antico che ha resistito al fuoco del tempo e ha piegato il proprio verso alla pialla e alla sgorbia, il gesto sapiente e rituale e amico ed eterno.

Li incontro al Museo di Arte Contemporanea di Bolzano in occasione di una loro mostra comune: si guardano contenti del pubblico che è venuto a salutarli. Loro, scevri di ogni compiacimento, si aggiustano sulle sedie oltre le quali scorrono le foto di Gianni alle sculture di Adolf. Si vede che, dopo i primi sorrisi di gratitudine, vorrebbero essere lontani da lì, magari in un maso al riparo dal chiasso del contemporaneo. Chiedono a me di parlare, perché loro non hanno molto da dire: le parole sono già contenute in più di mezzo secolo di lavoro.

Per il resto c'è l'orgoglio del loro coraggio. Non potevano che sorridersi Gianni e Adolf, non potevano che amare quell'affetto che sa di silenzio e di intesa secolare. E sentirsi a proprio agio, l'uno vicino all'altro, come veterani di mille guerre e mille paci. Sono le loro mani a parlare. Le loro dita artigiane a indicarci il senso della verità sobria che ci illumina modesta e feroce, come la storia che hanno conosciuto e hanno avuto il coraggio di celebrare. Anche per noi. In silenzio.

Il coraggio di Francis e di Mark

Il grande coraggio è tenere gli occhi aperti sulla luce come sulla morte.
ALBERT CAMUS

Il radicamento è forse il bisogno più importante e più misconosciuto dell'anima umana.
SIMONE WEIL

L'arte, quando è puro esercizio estetico, è noiosa e mediocre. L'arte, rappresentando la condizione umana, deve essere inquietante.

Ci sono pittori che, più di altri, hanno avuto il coraggio di essere irritanti, anomali, anarchici, pur di lasciare una traccia. Su tutti, Francis Bacon e Mark Rothko. Entrambi hanno reso tutt'uno la creatività artistica e la propria più profonda identità.

Uomini totalmente fuori dagli schemi, come il loro percorso esistenziale. Impossibile chiuderli in una categoria di appartenenza: e questo è di per sé attraente perché lascia spiazzati, proprio come dovevano sentirsi loro nei confronti di un mondo che amavano poco e dal quale, per anni, poco erano stati amati. Il coraggio di non essere classificabili, oltre ogni categoria cara al mercato dell'arte. Il coraggio di fuggire le regole economiche, così come quelle esistenziali.

Due uomini con una radice in comune, il nomadismo. Entrambi, seppure per ragioni diverse, costretti a lasciare il proprio Paese: ciò segnerà le loro vite e la loro opera. Francis dovette abbandonare Dublino, reietto dal padre; Mark partì da Dvinsk (oggi Daugavpils), in Lettonia, per gli Stati Uniti con la sua famiglia fuggendo il presagio di una guerra che avrebbe distrutto, con quella città, le loro radici religiose.

Quando si guarda una loro tela, non si capisce da dove venga l'impellenza, la necessità di creare, se non da qualcosa d'interiore e segreto. I modelli per Bacon – Velázquez, Tiziano, Rembrandt – sono solo spunti o, come avrebbe detto meglio lui, «semplici ossessioni ripetute ossessivamente».

Differentemente da molti artisti contemporanei, l'arte di Mark e di Francis non è narcisistica, anzi è l'opposto. Non c'è concessione estetica, men che meno esibizionismo tecnico o tentativo di blandire o stupire: è la manifestazione più ardita, più netta e più inquinata dell'inconscio. Del loro inconscio.

Ho cercato di associare la loro pittura a qualcosa capace di trasmettermi analoghe emozioni e credo di avere trovato un seppur labile nesso: il deserto.

Se esiste un'immagine della natura che si avvicina maggiormente all'inconscio, è quella delle dune di un deserto. Indefinibili per definizione: mai si ripetono in una stessa forma, a volte tagliente a volte dolce, a volte quasi geometricamente definita, altre ancora senza limite. Sagome dell'eccesso: troppo caldo, troppo freddo, troppa luce, troppa ombra, troppo silenzio, troppi rumori ancestrali, troppa vita, troppa morte. Anche il colore, che a una prima osservazione può sembrare statico tanto è monocromo, torna improvvisamente a mutare, ad attorcigliarsi come la fune zuppa d'acqua salata strizzata e salda al molo. Non si potrebbe mai dire qual è l'ora del deserto, perché l'oceano di sabbia si sottrae alla banalità della classificazione, evade sempre da qualche altra parte. Semplicemente esiste, mutevolmente. Proprio come la sensazione che si avverte davanti a un'opera di Bacon o di Rothko.

Analogia quasi perfetta con la nostra anima, con il nostro inconscio. Ogni volta che abbiamo cercato di incasellarlo, esso ci appare diverso dalle parole usate, sfida il nostro prepotente bisogno di rassicurazione, esce dall'armamentario ossessivo che le scienze psicologiche hanno costruito per contenerlo, disarmarlo, raffreddarlo, umiliarlo, assoggettarlo. Ci vuole coraggio a fuggire le comode categorie del sapere, ci vuole coraggio a credere nel proprio talento senza la seduzione del consenso.

Non c'è filtro fra anima e forma pittorica, non c'è setaccio né ambiguità sensoriale: ciò che viene ritratto parte dalla forma più profonda del vissuto, il dolore.

Quando si guarda la *Crocifissione 1933* di Francis Bacon, essa appare come un'ombra aliena. Non c'è nulla di religioso, di sacro né di servile: quasi una radiografia della sofferenza infinita e mutante dell'essere. Senza motivo, senza condanna, senza supplizio, senza Golgota. Nulla di più ecumenico, essenziale, vero: parla al mondo dei terrestri dolenti, a nessuna entità superiore. Perché è la sua crocifissione, non quella di un Dio sceso in terra: un ragazzo schiacciato dal pregiudizio e dall'incomprensione, che cerca in una tela la sua immagine più intransigente, interiore. Una scultura piana che parla a ognuno, inascoltata.

Esattamente come il *Quattro scuri in rosso* del 1958, fino al *Nero su grigio*, uno dei quattro quadri commissionati dalla Tate Modern a Rothko nel 1969, sono tele sulle quali la quintessenza della disperazione, dell'abisso depressivo, dell'assoluta incomunicabilità è narrata implacabilmente. Sentimenti estremi e coraggiosi che hanno influenzato parte della cultura degli anni Sessanta: da Michelangelo Antonioni per uno dei suoi capolavori assoluti, *Il deserto rosso*, ai Rolling Stones per il loro celeberrimo *Paint it Black*.

Né Bacon né Rothko conoscono la pennellata corretta, armonica, non amano i gusti accademici, nemmeno i giudizi affettati di critici e galleristi. Non cercano compatimenti né suppliche né confessioni né appartenenze di stile o di corrente. Non sublimano perché, più ancora e più profondamente degli altri, sentono sulla pelle tragicamente l'acidità dell'esistenza.

L'intera loro arte viene solo e sempre dalla sofferenza: quella antica delle radici spezzate e dei rifiuti paterni, quella rinnovata nella quotidianità da innumerevoli lutti. Gli autoritratti di Francis o gli infiniti strati di vernice di Mark sono pura espressione di angoscia. La loro anima si ritrova solo se trasformata, deformata, orripilata. Viaggiano oltre la fisionomia, oltre la comunicazione stereotipata. Uomini stuprati da se stessi, nudi al proprio cospetto. Sconcerto puro, mai adulazione, nemmeno quando la fama li rincorre in ogni parte del mondo. Mostrare la propria morte interiore, senza mediazioni, non è forse opera di enorme coraggio?

La loro pittura è inconscio, e null'altro: per questo ha parlato a molti. I colori sono quelli, mai edulcorati, delle piaghe di Francis che accartocciano il suo mondo interiore, esattamente come i luoghi sfumati di Mark preannunciano un'aria funesta: non la morte, ma le morti.

Bacon e Rothko possiedono un panottico interiore, enorme, dilatato, che ritrae ogni nefandezza, ogni incongruità, ogni menomazione. Il loro «fuori» è crogiuolo appestato.

Non cercano comprensione, perché non si sono mai sentiti del tutto compresi.

Certamente non Francis, quando, da bambino, i suoi modi effeminati alimentavano l'odio e il disprezzo di un padre volgare, amante di pure razze equine, non delle sfumature di un talento che non riusciva a capire. Un padre lontano, limitato, violento. Uomo capace di uccidere l'indole delicata di un bambino che cresceva a modo proprio, con uno sguardo obliquo sulle cose del mondo che l'avrebbe consacrato e dannato.

Certamente non Mark, sigillato nel suo studio sulla 63ª strada ad ascoltare Mozart o a leggere e rileggere Nietzsche, disprezzando il brulichio di una metropoli troppo indaffarata per incantarlo.

La costrizione a vagabondare tra studi e gallerie in cerca di qualcosa che rappresentasse e cogliesse il loro turbamento, curiosi di tutto ciò che sapeva di sovversivo, di arte come grimaldello guastatore: un sentiero insolitamente comune a Francis, transfugo dall'Irlanda, e a Mark, fuggito da una cultura arcaica per proiettarsi in quella, mai amata, della metropoli newyorchese. Attraversano tutto, in tempi e modalità diverse, per arrivare all'essenza, ancora disarcionati da quel cavallo impazzito che qualcuno chiama esistenza. Mille volte in sella e mille altre nella polvere, perché è lì, a rasare quel suolo maledetto, che si trova il loro stupefacente senso del fare. In quell'odore di perdita e di disfatta diventata, magnificamente, forma.

E poi ancora la morte. Non quella degli altri, della guerra di Goya o del bue squarciato di Rembrandt, ma quella figurata del padre sordo e atroce di Francis o quella più defilata e vera del compagno/modello, o della perdita di una patria, di una fede.

Il silenzio infinito e assordante, come corpi di tela appesi a un muro. Il suicidio, la morte che non ha spiegazione né pentimento. Il suicidio subìto, e quello immaginato e perpetuato. Quello di un amore che si eclissa in una stanza d'albergo o quello di Mark che si recide le arterie delle braccia nel suo studio di New York all'alba di un giorno di fine febbraio del 1970.

Il coraggio di Francis e di Mark risiede nell'eco atroce della loro arte, nell'onda d'urto immensa, nel tonfo finale della nostra coscienza.

L'arte come paravento dietro il quale si nasconde l'inconscio dell'artista, la sua parte più recondita e misteriosa, tutto ciò che si può immaginare, ma che non si vede, come se l'anima avesse molto da nascondere e nessuna voglia di svelare.

«Love is the Devil» diceva Bacon quando parlava del senso della vita; «un'avventura sconosciuta in un luogo sconosciuto» ripeteva Rothko quando voleva descrivere la propria arte.

Comunque il coraggio di non eclissare sofferenza, disincanto, perfino la morte.

Il coraggio di mostrare al mondo la propria anima nuda e ferita, senza risarcimenti.

Coraggio e orgoglio

Il coraggio è il prezzo della dignità.
PIERRE BILLON

A onor del vero, il titolo di questo capitolo non l'ho scelto io, né lo sto scrivendo seguendo una mia individuale ispirazione.

Mi sembra semplicemente doveroso, civile, etico, dedicare un capitolo, per quanto breve, a chi ha fatto una scelta di vita strabiliante e totale, per quanto per lui scontata.

Sto parlando di Antonio Montinaro, uno degli uomini della scorta di Giovanni Falcone, massacrato – assieme a Francesca Morvillo, Vito Schifani, Rocco Dicillo – nella strage mafiosa lungo la strada che conduce all'aeroporto di Punta Raisi a Palermo. Il 23 maggio 1992.

La parola «orgoglio» me l'ha suggerita una recente intervista a Tina, moglie di Antonio. Questa donna straordinaria, dall'amabile accento campano, ci insegna che esiste una forma speciale di coraggio che è l'orgoglio per l'orgoglio, il sentirsi fiera di aver incontrato e sposato un uomo straordinario, di avere condiviso la scelta consapevolmente coraggiosa del marito, prima della sua morte e per tanti anni dopo di essa. Dice Tina: «Il nostro matrimonio è durato soltanto cinque anni, perché di più non ce ne hanno permessi, ma quell'uomo mi ha accompagnata e resa orgogliosa per altri venticinque».

I ragazzi della scorta di Falcone, esattamente come quelli di Borsellino e dei tanti altri magistrati massacrati dalla mafia, sapevano quale avrebbe potuto essere la loro fine, ma erano orgogliosi di tener fede a un patto che li legava al loro eroe. Eroe per loro e per tanti, ma non per tutti, dal momento che, a un quarto di secolo di distanza da quelle stragi, ancora non si conoscono i nomi dei mandanti, quelli politici.

Una consapevolezza lucida. «Quando succederà, mi dovrai raccogliere con il cucchiaino...» ripeteva Antonio a Tina. E infatti proprio così è stato: Tina ha potuto riconoscere il corpo del marito solo da una mano.

L'orgoglio è appartenere a un'impresa tanto temeraria quanto giusta, battersi contro un mostro immenso e tentacolare, infiltrato ovunque, anche tra gli insospettabili. L'orgoglio di un uomo di meno di trent'anni che è già eroe e per esserlo definitivamente deve lasciare le sue spoglie maciullate in una bara. Una consapevolezza tremenda che non credo lo portasse all'ingenuità, e un coraggio non sorretto da alcuna certezza di gloria né di riconoscenza.

Sapevano, quei ragazzi e quel giudice, che c'era irritazione, mal sopportazione, perfino odio nei confronti di chi voleva aprire i cassetti segreti delle famiglie mafiose e dei loro innominabili alleati. E non credo che il brindisi, quel maledetto pomeriggio del 23 maggio, lo abbia fatto solo qualche squallido, sanguinario capomafia (che qualcuno vorrebbe scarcerare per «pietà»), ma immagino che i bicchieri abbiano tintinnato anche in qualche salotto buono della nostra classe dirigente. E Falcone sapeva e temeva che così sarebbe stato, e pure quei ragazzi, a modo loro, sapevano e temevano. Non per questo si sono tirati indietro, anzi quell'estremo sodalizio è diventato se possibile ancora più stretto e più vincolante, proprio perché erano consapevoli marinai in una piccola scialuppa che doveva incontrare l'enorme, efferata orca selvaggia.

L'orgoglio ha questo di sublime: riesce a trasformare il coraggio in una parola umile, che va sussurrata, va accordata con sguardo lieve e non svanisce mai perché è più coriacea di ogni disprezzo. È un sentimento superiore, capace di esorcizzare il male e di ridurlo in polvere, come quella sollevata dai 500 chilogrammi di tritolo che hanno fatto saltare in aria un giudice rivoluzionario, la moglie e i suoi angeli custodi.

Il male s'infiltra, si trasforma ma non vince e questo grazie al sacrificio di tanti che non hanno mai pensato di barattare la propria esistenza con l'ipocrisia.

Ora Tina è riuscita a trasformare l'ammasso arrugginito dell'auto di Antonio e dei suoi eroici commilitoni, la Quarto Savona 15, in una scultura dell'orrore, in un sacrario mobile, affinché i giovani sappiano e abbiano coscienza di ciò che è stato e, soprattutto, di ciò che è ancora. Oltre al coraggio che ci vuole per fare tutto ciò, è necessaria anche un'eccezionale dose di fierezza, quella di appartenere per sempre a un uomo giovane e bello come tutti gli eroi, per riprendere un verso di un'indimenticabile canzone di Francesco Guccini, ma anche alla parte sana e onesta di questo Paese, che pur esiste. Una lucidità che resiste nonostante la consapevolezza che le quotidiane notizie di mafiosi arrestati, di beni sequestrati, di traffici interrotti, rappresentino solo la punta di un iceberg melmoso che continua a inquinare la nostra società civile. L'orca selvaggia è stata ferita, ma ha cambiato tattica e non si nutre più di stragi: le bastano gli affari, la corruzione, i ricatti politici.

Quell'ammasso di lamiere arrugginite, tomba e vessillo, non tace, gira nelle scuole d'Italia e continua a urlare il suo sdegno, ben oltre i sepolcri imbiancati dall'ipocrisia e dalla doppiezza, dalla meschineria e dalla pochezza umana. Quell'immagine è più efficace di mille fiaccolate, commemorazioni, omelie, e soprattutto delle surreali competizioni a chi è più antimafioso. Continua a parlare per insegnare ai giovani che nella vita bisogna seguire giustizia e non omertà, essere coraggiosi e non indifferenti.

L'odore del sangue che ha macchiato quel metallo accartocciato sa di salsedine e di coraggio, di sabbia e di dignità che nessun potente, nessun mafioso, nessun killer potrà mai fugare.

La morte di Antonio ha lasciato un insegnamento fondamentale per ognuno: che l'orgoglio è più forte di ogni consapevolezza, di ogni oscuro presagio, di ogni squarcio di terrore, perché, quando sei dalla parte dei giusti, sei solo, ma non ti potrai mai sentire solo. E che esiste qualcosa in grado di travalicare perfino il coraggio con un sorriso, uno sguardo d'intesa limpido: è questo che trionfa, è questo che è senza tempo. È questo che fonda la memoria imperitura degli eroi che, alla fine, prevale sempre sul male.

Ha costruito più il coraggio di una bambina e il suo orgoglio, più Anna Frank, sola e disarmata, di un immenso esercito di nazisti.

Coraggio e ardimento

> È curioso che il coraggio fisico sia così diffuso in questo mondo e il coraggio morale così raro.
>
> MARK TWAIN

> Nessun percorso fiorito porta alla gloria.
>
> JEAN DE LA FONTAINE

Devo ammettere che c'è una forma di coraggio che da sempre mi rende perplesso: è quella che si coniuga con l'ardimento. Probabilmente si tratta di un mio involontario pregiudizio: l'ardito, e non lo dico per una questione ideologica o storiografica, me lo sono sempre immaginato come una figura enfatica, retorica, quasi fine a se stessa.

Eppure il coraggio, inteso come estrema audacia, ha rappresentato un *fil rouge* della storiografia patinata, quella che abbiamo studiato a scuola. L'eroismo come forma d'impudenza, quasi di sfacciataggine: il coraggio narcisistico. A osservarla in controluce si capisce che si tratta di una forma ambigua, a metà strada tra seduzione e irritazione, tra plagio e incanto.

Scrivendo queste pagine, ho sentito la necessità di comprendere meglio questo aspetto e, per farlo, ho pensato a un vecchio amico e al luogo in cui da anni abita. Più che un luogo è un simbolo, una metafora creata come un'architettura, o piuttosto un azzardo.

Per raggiungerlo occorre attraversare un breve e dolce panorama, un'enclave, quasi una spora di quello toscano incistata a nord. Si deve costeggiare il lato occidentale del lago di Garda, superare Salò di pochi chilometri, infine entrare, in tutto e per tutto, in un pezzo della storia del Novecento, il Vittoriale.

Già il nome, volutamente enfatico, mette soggezione. Nonostante la natura abbia regalato a quel luogo una quiete di cipressi e di ulivi, si percepisce avvicinandosi qualcosa d'inquietante e al tempo stesso seducente inusualità. Non credo che ci sarei mai tornato dopo averlo visto in una lontanissima vacanza scolastica, se non fosse per ritrovare, proprio lì a casa sua, a distanza di tanti anni, Giordano Bruno Guerri, che della Fondazione «Il Vittoriale degli Italiani» è presidente.

Mi sta aspettando, davanti a un piatto di mozzarella, al ristorantino nel piazzale antistante l'ingresso. È rimasto uguale ai suoi anni televisivi. Volto arcigno che potrebbe essere di un consumato boxeur o di un rugbista d'altri tempi, una trasandatezza non spontanea, l'affabilità delle sue radici toscane ormai schiacciate da un intercalare padano, la voce impastata dell'ex fumatore, l'eloquio forbito e rotondo.

Beviamo un goccio di vino, poi ci dirigiamo (verbo assolutamente coerente con un andare spedito e risoluto) verso il suo regno. Nessuno potrebbe stare al Vittoriale come ci sta lui, perché il Vittoriale è, oggi, lui stesso. Sembra che d'Annunzio sia una memoria che lui non custodisce, ma della quale si è impossessato, inglobandone il mito, perfino l'arcano del Vate.

Sceglie volutamente di iniziare la visita dai luoghi esterni, quelli nei quali Giordano ha potuto lasciare maggiormente il proprio segno non solo riportando, dopo decenni d'incuria, il grande parco alla sua solenne bellezza, ma riuscendo a inserirvi opere d'arte straordinarie: il grande cavallo blu di Mimmo Paladino che guarda le acque lacustri in fondo o la stele di Arnaldo Pomodoro che, come una magia egizia, si erge da un terrazzamento del giardino verso il cielo. Anche la materia che tutto ha permesso, il marmo di Botticino, quello stesso dell'Altare della Patria, è resa più mite e meno fredda da roseti e rampicanti ben curati.

Merito di Giordano se, affacciandosi sulla ferita della roccia, si può tornare ad ascoltare scorrere il ruscello o se la prua della *Regia nave Puglia* continua a emergere come un novello, folle, Fitzcarraldo.

Lasciati giardini e scalinate, fuggiti dall'incombente mausoleo che sovrasta dalla cima della collina, entrando silenziosamente tra le mura, la voce di Giordano muta di tono, abbassandosi in rispetto dei luoghi e delle anime che li hanno abitati. È tale la sua passione per ciò che descrive che sembra trasformarsi in Gabriele il Vate, illustrando cimeli, stoffe, busti, libri, mobili, vesti: tutto in un turbine ridondante, appena attenuato e sopito nella penombra che il poeta prediligeva.

Giordano sfiora pareti di camere stracolme di memorie, s'infila nei corridoi angusti e proibiti, condivide ma non amplifica, cita ma non declama.

A guardare le vestigia di gloria e di morte, la cura ossessiva dei dettagli, l'ordine caotico fermato nel tempo, l'associazione con la parola che cerco si concretizza. I nostri passi ovattati provocano domande. Provo a spiegargli ciò che mi ha spinto fin qui.

«Sono venuto a trovarti seguendo una curiosità. Vorrei capire con te, attraverso un breve viaggio attorno a una parola che d'Annunzio ha declinato diversamente da altri: il "coraggio", l'ardimento. Aiutami a entrare nella sua testa, nella sua epopea, nella sua leggenda. Che cosa intendeva lui per coraggio? In quale accezione d'Annunzio utilizzava questa parola?»

«Beh, certo... "*sufficit animus*", dove *animus* sta per "coraggio": "basta il coraggio". Ma, prima di tutto, è giusto premettere che, secondo me, il coraggio per il nostro eroe era poesia. Io vedo la vita di d'Annunzio come una rivisitazione della poesia. Lui era un poeta, e viveva tutto in funzione della lirica. Anche il sesso, per il quale era famoso, era una chiave di poesia, cioè una costruzione armonica e ardita che doveva arrivare al cuore delle cose e delle donne. Per lui il rapporto maschio-femmina era una costruzione perfettamente funzionale, splendente, bella, piena. Sia nella sua vita personale che nelle imprese ritorna questa costruzione, anche in quelle che vanno sotto il termine "coraggio". Nelle imprese di guerra, ma anche nei duelli e in tutte le altre sfide che ha affrontato, l'aspetto più importante per lui era sempre la forma. Arrivo lentamente a questa definizione: il coraggio è una questione di forma; non basta essere coraggiosi, non basta buttare il cuore oltre l'ostacolo, rischiare la vita, occorre che il coraggio abbia la forma di poesia, purché ardita. L'impresa del volo su Vienna ha forma di poesia. Anche la lunga preparazione tecnica dell'impresa, perché in ciò che faceva non c'era mai nulla di sventato, dalla preparazione dei volantini all'anello con il veleno da usare in caso fosse catturato dal nemico, al testo che lui ha scritto rintanato nel serbatoio della benzina: tutto ciò che è eroico trasforma il coraggio, traducendolo ancora in letteratura, in rima. D'Annunzio scriveva in endecasillabi, ma viveva anche in endecasillabi, parlava addirittura in endecasillabi. E anche il suo coraggio è in endecasillabi. Perfetti, sempre. Potrei farti un esempio: la beffa di Buccari. È passata alla storia perché si lanciano dei siluri, che peraltro non colpiscono il bersaglio, ma questa non è la cosa più importante... Nella beffa di Buccari il coraggio rivela l'estetismo dannunziano. Prima di tutto, loro arrivano lì e lui cosa porta? Della galantina di pollo per tutti i partecipanti all'impresa... Io trovo che questo sia un dettaglio significativo per raffigurare l'eroe che, sì, arriva per morire e per uccidere in combattimento, però con un soavissimo piatto di galantina di pollo e una bottiglia da lanciare al porto nemico legata con un nastro tricolore dove campeggia la scritta beffarda "a quel vostro inviolabile porto". E allo stesso tempo scrive un testo poetico, fra i suoi più brutti, ma funzionale all'impresa: "Siamo trenta a una sorte, siam trentuno con la morte". Ecco, questo è il d'Annunzio eroe, coraggioso, ardito, ma è anche l'imprescindibile d'Annunzio poeta.»

«Che rapporto c'è nella cultura dannunziana tra coraggio e ardimento?»

«Per Gabriele d'Annunzio, l'ardimento è una forma del coraggio. C'è un altro suo motto che puoi collegare: "Ardire e non ordire". L'ardimento è parte essenziale del coraggio, quindi "*memento audere semper*". Questa parola ricorre continuamente: andare più in alto, più "in oltre", significa ardire. Il coraggio è forse una forma più piana di ardimento, la cui radice etimologica è «ardere». Il cuore che brucia rappresenta una fase successiva al coraggio, che va oltre. Il coraggio è anche conquistare una città, non è solo sprezzo del pericolo. Il coraggio intellettuale di d'Annunzio si rivela anche quando sfida la società del tempo: d'Annunzio modernizzatore, innovatore che rompe tutti gli schemi nella vita pubblica e politica, sfidando la borghesia dell'epoca quando, per esempio, viene processato per concubinaggio – allora un reato – e affronta volontariamente il processo per cui è stato condannato.»

«Chi era la "concubina"?»

«Si chiamava Maria Gravina Cruyllas di Ramacca, era una principessa siciliana, sposata al conte Guido Anguissola di San Damiano dal quale aveva avuto tre figli. Poi però, essendo quell'unione andata male ed essendo lei riparata a Napoli, incontrò d'Annunzio con il quale ebbe una relazione sentimentale da cui nacque, nel 1893, Renata. I due, per questo motivo, vennero processati per adulterio e concubinaggio. Processo che volle affrontare per rompere lo schema sociale per cui il concubinaggio doveva essere considerato un reato da meritare la galera. Anche in politica d'Annunzio dimostrò una certa inclinazione alla rottura di stereotipi morali e sociali molto diffusi in quegli anni. Una dote di coraggio, quella del fustigatore della morale pubblica, una forma di coraggio sociale. Una delle cose meno note di d'Annunzio è che era stato eletto deputato. Successe che, nel 1897, si liberò un seggio perché morì un deputato, la Destra gli propose di candidarsi, lui accettò per curiosità e fece veri e propri comizi in Abruzzo. Venne eletto, ma non andò quasi mai alla Camera, tranne il giorno in cui il governo Pelloux, dopo le cannonate di Bava Beccaris a Milano, stava per varare leggi liberticide, e il Vate si presentò in aula, sedendo sui banchi della Destra. Tutti lo guardavano. "È arrivato d'Annunzio... che farà? che dirà?" A un certo punto lui si alzò – la Camera ammutolì –, attraversò l'emiciclo e andò a sedersi sui banchi della Sinistra.»

«D'altra parte, è stato lui il precursore della necessità di superare il concetto di sinistra e di destra; anche questa è una forma di coraggio, almeno per l'epoca, non trovi?»

«Non si tratta del trasformismo giolittiano dell'epoca, di cui ancora si nutre il sottobosco politico; questa, secondo me, è certamente una forma di coraggio. Così come accadde con l'ingresso a Fiume. C'era da liberare la città, che era stata dichiarata città internazionale, circondata dall'esercito italiano, nessuno può entrare, nessuno può uscire. Si era presentato alla testa di 2000 volontari a bordo di una macchina, la mitica Fiat T4, quando gli si fece davanti il generale Pittaluga, che comandava le truppe italiane incaricate di bloccare la città e gli intimò: "Comandante, voi da qui non potete passare". D'Annunzio scese dall'auto, si aprì la giubba, il petto pieno di medaglie, e disse al generale: "Sparate qui". L'esercito non si era ancora ripreso dall'aver sparato a Garibaldi sull'Aspromonte e lui che fa? Si fa sparare coperto di medaglie... Il coraggio è aver fatto l'impresa di conquistare una città in pieno Novecento come un condottiero rinascimentale. Quella T4 era come un cavallo bianco che lui comandava entrando in Fiume con una felicità "ossidionale", parola tipicamente dannunziana. Un gesto poetico, anche se enfatico. Non c'è niente di spontaneo in tutto questo, in lui è tutto assolutamente pensato. D'Annunzio diceva: "Bisogna che un intelletto faccia della propria vita come si fa un'opera d'arte". E così ha fatto. Il coraggio sta nell'essersi applicato, lungo tutta l'esistenza, ad attuare ciò che aveva pensato, per realizzarla. Come un'opera d'arte, come una poesia.»

«Secondo te, tutto questo d'Annunzio lo ha fatto per se stesso, per entrare nella storia, per costruirsi il mausoleo che domina il Vittoriale? Qual è il suo fine ultimo, personale, vero?»

«Certamente per se stesso, perché questo gli dava gioia, così "si sentiva realizzato". E per esserlo, ha avuto bisogno di primeggiare, ma non in un modo qualsiasi. Ha avuto bisogno di essere più del meglio di tutto: questo era il suo ardimento...»

«E in questa sua ossessione non ci vedi un riflesso del suo conflitto con il padre?»

«Questo è un argomento da analisi. Credo di sì. Certamente era innamorato della madre, era un mammone, mentre provava per il padre un odio e un disprezzo fortissimi. Non è mai stato psicanalizzato d'Annunzio, non sono mai stati fatti neanche degli studi sui suoi comportamenti in relazione alla famiglia d'origine. Quindi non ti saprei dire.»

«Però, questo conflitto era evidente.»

«C'era soprattutto, nei confronti della madre, un attaccamento morboso, viscerale, fortissimo.»

«Un rapporto viscerale con la madre, la quale aveva un pessimo rapporto col padre...»

«Certamente. La madre deve essere stata una santa e una pia donna, che subisce un marito donnaiolo, spendaccione, sanguigno, forse violento. Di tradizionale cultura borghese, però abbastanza intelligente da scorgere la genialità del figlio. Fu lui che ne intuì le capacità e che decise di iscriverlo al Cicognini di Prato, il collegio migliore d'Italia, dove le famiglie nobili mandavano i loro rampolli. Un altro allievo famoso è stato Curzio Malaparte...»

«Con il quale d'Annunzio ha delle similitudini, anche in rapporto con il coraggio.»

«Ha delle similitudini assolute. Malaparte detestava d'Annunzio perché era il suo figlioccio. Ha modernizzato d'Annunzio, ma era il suo diretto discendente. Impersonava la figura dell'intellettuale d'intervento, creata da d'Annunzio, proseguita da Malaparte e poi da Pasolini in altro modo, ognuno secondo i propri tempi. I tre, messi insieme, avrebbero litigato, ma erano identici, ognuno a proprio modo... barocchi tutti e tre.»

«Anche Pasolini?»

«Pasolini, a suo modo, è barocco a rovescio. Lo è in pieno, anche la sua morte è stata barocca. E guarda che non intendo "barocco" come termine denigratorio, ma come sovrabbondanza di attività, di sentimenti.»

«Dentro questo barocco, però, c'è un senso della morte continuo, esasperato, istintuale.»

«C'è in tutti e tre fortissimo, ma credo che sia una caratteristica delle persone che vivono intensamente. Ci sono almeno cinque o sei libri di d'Annunzio che hanno nel titolo la parola "morte". E Malaparte è il narratore della morte. *La pelle* e *Kaputt* sono libri sulla morte.»

«Forse anche questo è un tratto del coraggio, quello di scegliere di lambire costantemente la morte.»

«Sì, sfidarla, come faceva Pasolini, del resto.»

«Un'ultima annotazione. L'ardimento, a parer tuo, non c'è più? È una parola desueta, oggi?»

«È una parola in via di estinzione, perché è complessa. Come la tradurresti a un ragazzo?»

«Quindi c'è, paradossalmente, un elemento di modernità nell'uso di questa declinazione del coraggio. Se per modernità intendiamo tutto ciò che manca e che dovrebbe essere inventato, il coraggio e l'ardimento dannunziani potrebbero oggi in qualche modo mancarci? Questi grandi scrittori, d'Annunzio, Malaparte, Pasolini, sembrano lontani per certi versi, però potrebbero essere modernissimi oggi.»

«Senz'altro, però non credo che persone così riuscirebbero a adeguarsi. Nel nostro presente, tutto questo non c'è, noi lo vediamo. La nostra non è l'epoca del coraggio. Queste sono grandi figure che prendono in pugno la situazione e la rovesciano. D'Annunzio a Fiume, in realtà, non è andato per conquistare la città, per lui è il tentativo per disegnare un nuovo progetto mondiale. Fiume è un'anticipazione del '68 e di tantissime cose che son venute dopo: il terzomondismo, la rivolta anticoloniale, il multiculturalismo, il multietnicismo, la rivoluzione delle donne, la rivoluzione sessuale. C'è tutto, a Fiume. Tutto, con cinquant'anni di anticipo. Un'invenzione strepitosa che è stata rifiutata perché interpretata, marchiata come protofascista.»

«Perché protofascista?»

«Perché poi Mussolini ha preso, da lui e da Fiume, riti, miti, discorsi dal balcone, culto del "me ne frego", dell'"eia eia alalà", il culto della bandiera e dei morti sono tutte intuizioni dannunziane di cui il Duce si è impossessato. Mussolini ha appreso da d'Annunzio la lezione che lo Stato liberale poteva essere sfidato e vinto. D'Annunzio l'ha fatto a Fiume, Mussolini ha conquistato il potere solo con le abilità politiche. D'Annunzio non era un buon politico, non aveva gli strumenti per condurre questa lotta allo Stato. Infatti l'hanno cacciato a cannonate, mentre Mussolini ce l'ha fatta: la colpa del Vate è stata questa, indirettamente. In realtà era un rivoluzionario. La "Carta del Carnaro", la Costituzione di Fiume, è di una modernità sconcertante. Più che coraggio intellettuale, questo è genio. E il genio è sempre coraggioso, va oltre, sfida la convenzione, la rompe, è la rottura dell'ovvio, estirpa le radici...»

«Secondo te, intuiva che sarebbe stato emarginato, che questo coraggio l'avrebbe pagato sulla propria pelle?»

«Secondo me no, perché era un sognatore e tutto gli era andato terribilmente bene. Quando arriva al Vittoriale, prima lo affitta e poi lo compra e poi comincia a farne quello che è, perché spera ancora di avere un riconoscimento ufficiale, perché il re gli aveva detto: "Va bene, il Paese è a tocchi," usava proprio questa espressione "solo tu ci puoi salvare". E lui era nella posizione giusta per farlo. Aspettava solo la convocazione del re. Non voleva lottare dal basso, voleva essere nominato; era monarchico, provava un sentimento di sacralità nei confronti del re. E quando si rende conto di non avere più potere effettivo, di essere ormai un monumento, si monumentalizza da solo.»

«E forse questo è anche un elemento di coraggio: essere sicuri che la storia lo avrebbe riconosciuto, prima o poi.»

«Sì, lui ne era sicuro da un pezzo. A 25 anni pubblicò *Il piacere*, che ebbe un successo fulminante in tutto il mondo, lodato da Joyce, da Hofmannsthal, da Proust. Joyce disse: "Finalmente d'Annunzio ha fatto rinascere la letteratura italiana". Se lui fosse morto a quarant'anni, non avrebbe fatto la prima guerra mondiale, non avrebbe fatto Fiume, non avrebbe fatto il Vittoriale, ma sarebbe già stato nei libri di storia e di letteratura con un ruolo di primo piano, anzi forse maggiore di quello che ha, perché poi la parte politica della sua vita ha rovinato quella letteraria.»

«E questo probabilmente è accaduto perché non si accontentava di essere soltanto uno scrittore.»

«Non si accontentava di niente.»

«E anche questa è una forma di coraggio?»

«Credo proprio di sì, per me di sicuro lo è. In lui lo è stata assolutamente.»

Il coraggio delle ragazze

Da ultimo gli direi
che di tutte le virtù
la più importante, perché è la motrice
   di tutte le altre
e che è necessaria per l'esercizio delle altre,
di tutte le virtù,
la più importante mi pare sia il coraggio,
   i coraggi,
e soprattutto quello di cui non si parla
e che consiste nell'essere fedeli
   ai propri sogni di giovinezza...

HÉLIE DE SAINT MARC

Mi piace il coraggio femminile, la sua ingegnosità nell'organizzare una vita ferita.

COLETTE

Ciò che è accaduto nella notte del 22 maggio 2017 non è soltanto l'ennesimo, spregevole, vile attentato terroristico, ma una tragica metafora per tutti noi.

Erano le dieci e mezzo di sera a Manchester, una folla di giovani stava lasciando la grande Arena dopo aver assistito al concerto di Ariana Grande, una cantante italoamericana della Florida, mito per milioni di giovanissimi. In quel preciso istante un ragazzo di 22 anni si è fatto saltare in aria uccidendo 22 persone e ferendone una settantina.

Qualcuno la chiama guerra di religione. Non credo sia così: nessun Dio ordina di uccidere bambini. È una guerra tra culture che sottende altri interessi più prosaici: il petrolio, il mercato delle armi, i costi faraonici delle ricostruzioni delle zone di guerra, l'influenza delle grandi potenze sugli incroci strategici del mondo del *global business* che, guarda caso, riguardano sempre i Paesi più poveri perché i guadagni, anche in termini prospettici, sono enormemente più alti rispetto ai Paesi dove il mercato è, almeno in parte, saturato.

E in questa guerra tra culture, il tema della libertà è centrale: per tale ragione ritengo che a Manchester sia andata in scena una tragedia diversa rispetto alle altre cui abbiamo assistito in varie parti del mondo. A partire dalla cantante, simbolo della rivoluzione sessuale delle ragazze. Oggi finalmente possiamo dirlo: le pari opportunità sono diventate per gli adolescenti una realtà in gran parte dei Paesi occidentali. Dopo decenni di lotte, i diritti delle donne hanno gradualmente conquistato un consenso diffuso, ma è solo a partire dalle ragazze di oggi che possiamo affermare che un risultato autentico sia stato ottenuto.

Le ragazze di oggi hanno le stesse opportunità dei ragazzi: viaggiano, scelgono i propri partner, amano liberamente. Non esistono più giovani playboy da una parte e ragazze leggere dall'altra, com'era fino a non molti anni fa.

Oggi sono tutti uguali, anzi non esiste più una cultura femminile e una maschile: si sta affermando una comunità «genderless», dove l'appartenenza di genere rappresenta soltanto un vecchio steccato privo di senso.

Questo è il simulacro pagano che il terrorismo vuole combattere con la sua guerra santa. Vuole colpire le nostre ragazze perché sono il simbolo di una libertà dalla quale non si può più retrocedere. Boko Haram, la famigerata organizzazione terroristica sunnita, significa etimologicamente «l'istruzione occidentale è proibita», ribadendo che l'educazione alla libertà è il loro vero obiettivo ideologico. Infatti, Boko Haram rapisce ogni anno centinaia di studentesse, non di studenti.

Il terrorismo vede nelle ragazze delle nostre città il simbolo della più colossale cesura culturale operata dal cosiddetto Occidente: la grande Arena di Manchester come tempio blasfemo, in quanto scelto dalle ragazze libere come luogo del proprio divertimento, della propria definitiva emancipazione. Anche per questa ragione è stata scelta come scenario della strage.

Eppure, nulla potrà mai essere più come prima. Nemmeno cento o mille kamikaze potranno impedire ciò che è oggi affermato in modo irreversibile. Le nostre ragazze hanno vinto, hanno battuto i maschilismi, la tracotanza di una cultura maschiocentrica medievale che ha impregnato la nostra civiltà per secoli.

La generazione delle donne dell'età di mia madre ha lottato, con enorme coraggio, per ottenere i primi diritti: ha conquistato molto, amche se non tutto. Ha però permesso alle ragazze di oggi di vivere come nessuna di quelle straordinarie donne avrebbe mai potuto augurarsi.

Il futuro è legato al coraggio che le nostre ragazze avranno per completare l'opera: l'abbattimento definitivo del muro dell'appartenenza di genere. Ognuno sarà finalmente libero di poter essere ciò che è: molto maschio o molto femmina, un po' maschio o un po' femmina, perché di questa magica miscela esistono miliardi di porzioni, tante quanti sono i cittadini del pianeta. Non è la perdita di un'identità – quella sessuale – ma la sua naturale emancipazione: non solo si potrà sapere che essere femmine non comporta nessuna discriminazione, ma ognuno potrà seguire la propria natura e la propria vocazione. Le identità di genere non saranno più due, ma miliardi, e l'odiosa etichetta finirà di essere claustrofobico recinto. Ci vorranno molti anni, ma il cammino è segnato.

Per ora e per il prossimo futuro, saranno le ragazze a salvare l'umanità dall'imbarbarimento, ci salveranno il loro coraggio, la loro allegria, la loro spensieratezza. Non c'è tempo per fermarci, sono già andate avanti, orgogliose e determinate: perché la libertà, la loro libertà, la loro dignità, non può essere il prezzo da pagare per nessuna guerra. Tantomeno per quella santa.

Incoraggiamenti

> Lo scopo di un maestro deve essere di mostrare meno coraggio di quello che ispira.
>
> PAUL-LOUIS COURIER

Questo libro potrebbe proseguire all'infinito: le declinazioni del coraggio sono tante quante gli esseri umani che popolano la terra.

Mi piacerebbe che quello che ho scritto fosse letto soprattutto dai più giovani. Significherebbe che le idee qui appuntate non parlano a se stesse, ma possono anche far parte del bagaglio di chi si accinge a esplorare la propria esistenza.

A conclusione di queste pagine voglio dedicare al lettore un'idea del coraggio che viene non tanto dalla vita, da quella cavalcata prorompente che molti sognano o ricordano o rimpiangono, ma dal suo silenzioso epilogo.

Un giorno d'agosto di tanti anni fa, a casa del mio Maestro morente. Mi affiora il ricordo dell'oppressione di un caldo soffocante, idea fisica del trapasso. L'angoscia di familiari, amici, allievi. Si sudava a pensare, vicini a un uomo che stava svanendo per sempre. Seduto in disparte, lo guardavo attonito: non già il mio grande condottiero, ma la sua ombra accasciata, sfocata come nei disegni di Henry Moore, asserragliato nella metropolitana londinese durante i bombardamenti dell'ultima guerra. *Reclining Figures*.

Eppure, proprio nel momento dell'addio, è accaduto qualcosa di potente e sbalorditivo. Lui, ormai quasi cieco, il suo grande corpo degradato dal morbo, con una mano tremante reggeva un bicchiere di spremuta d'arancia. «È buonissima, fresca...» sussurrò. Non regalava una smorfia di patimento, ma un sorriso, quasi ironico. Non era per me solo, ma per tanti, ben oltre quelle pareti di lutto, oltre lo sciacquio dell'acqua putrida che bagnava la sua casa sul Canal Grande. Un sorriso, un sorso, il suo estremo coraggio.

Ho pensato, e penso tuttora, che fosse l'ultimo suo incoraggiamento, l'invito, qualsiasi cosa accada, a godere fino all'ultima goccia ciò che abbiamo vissuto. Perché la morte non esiste, ma è solo un trasferimento di testimoni. Il grande gigante si stava spegnendo, e io dovevo accendermi, trovare forze che non sapevo di custodire, estrarle da me e lucidarle perché da quel momento in poi, da quel sorriso, sapevo che non avrei più avuto alibi. Toccava a me prendermi la vita e i dolori e le gioie, e le avventure e le disavventure.

Quando qualcuno – qualcuno che ha vissuto coraggiosamente – se ne va, lo fa sommessamente, senza proclami, in punta di piedi, e lascia la sua scia, il suo profumo di gloria e d'incenso, sapendo che da qualche parte del mondo ci sarà qualcun altro che raccoglierà quel dono immenso custodendone il senso profondo, l'imperituro insegnamento: guardare alla paura, e alle nostre debolezze, con occhi coraggiosi e ironici perché la fine è soltanto biologica, riguarda le nostre cellule. Il resto è per sempre.

Il commiato richiede coraggio: non è una resa, ma una tracimazione, e non chiede riscatti. È l'ultima lezione del Maestro. Guardare la vita, sorridere perché, comunque, ti ha donato almeno quanto tu hai donato agli altri, e sapere che c'è chi sta ricominciando proprio da lì.

Una spremuta d'arancia appena sorseggiata è stata fine e inizio, transizione leggera, soave come il consiglio del saggio, commiato senza separazione.

L'incoraggiamento non è nelle parole, ma nei gesti, nei sorrisi, nello sguardo ironico e, soprattutto, nell'esempio.

SIAE DALLA PARTE DI CHI CREA
Aut. AJ - 40 - 2017

MISTO
Carta da fonti gestite in maniera responsabile
FSC www.fsc.org
FSC® C115118

Mondadori Libri S.p.A.

Questo volume è stato stampato
presso ELCOGRAF S.p.A.
Stabilimento - Cles (TN)

Stampato in Italia - Printed in Italy